ロールプレイで学ぶ

教育相談ワークブック
[第2版]
———— 子どもの育ちを支える ————

向後礼子／山本智子
[著]

ミネルヴァ書房

は　じ　め　に

　近年，インターネットなどの普及に伴い，子どもたちは多様な価値観に容易に触れることができるようになりました。しかし，その一方で，人と異なることを恐れ，自分の意見を言い出せなかったり，異なる個性に対して寛容でなくなっているようにも思えます。いじめや不登校の問題に関してもその様態はより複雑化しています。こうした状況の中，教育相談の活動は，ますます，その重要性を増しているといえます。

　本書では，教育相談に関する基礎的な知識はもちろん，できるだけ多くの事例を紹介し，また，ワークやロールプレイを通して，読者のみなさんが自分自身の課題として主体的に取り組めるように工夫しました。

　具体的には，まず，第Ⅰ部で教育相談に関する基礎的な知識とスキルについて学びます。とくに相談のきっかけとなる子どものサインに気づくこと，また，話を聴くためのポイントについてワークを通して学びます。話を聴くことは誰でもできると考えがちですが，相手の本当の気持ちを聴くためには，信頼関係に加えて，いくつかの基本的なスキルを知っておくことが役立ちます。そして，相手の立場に立って相談を行うためには，自分自身について知っておくことも必要になります。教員として子どもや保護者に向き合うとき，自分自身の経験や価値観は大切ですが，それだけを拠り所にするととき に相談が誤った方向に進んでいくことがあります。また，過去のいじめの経験や親子関係の問題などが解決できていないとき，それらの問題を無意識のうちに相談に反映してしまうこともあります。そのため，相談に臨む前に，まず，自分自身と向き合うことが大切になります。本書が，今の自分について振り返り，考えていただくきっかけになれば幸いです。

　また，第Ⅰ部では，実際に課題に取り組んだ際に聞こえてきた意見や感想などについても紹介しています。そこからは，同じ課題に取り組んでも異なった意見や感想をもつことがわかります。本書の課題に取り組むことが，みなさんの中に新たな価値観や視点を拓く機会となること，また，「話を聴くこと」の難しさにあらためて気づく機会になることを願っています。

　第Ⅱ部では，より具体的に学校現場で生じているさまざまな課題（いじめや不登校など）に関する基礎的な知識について解説するとともに関連する事例をできるだけ多く紹介しました。また，一つひとつの課題を深く理解するために，ワークやロールプレイを中心に構成してあります。こうした活動においても，たくさんの意見が交換されます。なお，ワークやロールプレイを多く取り入れた理由としては，教員だけではなく，教育相談に訪れる児童・生徒や保護者，あるいは同僚の教員の心情や考え方を自分自身に引き寄せて，できるだけ具体的に考えてほしいと思ったからです。

みなさんはピアジェの「三つ山課題」をご存知でしょうか。この課題は子どもの空間認知的能力の発達を知るために作られたものです。具体的には，四角い盤の中に立体的な3つの異なる高さや形の山を置き，四方の盤の異なる位置に子どもたちを立たせ，その子どもから他の子どもが見ている山の「見え方」を答えてもらうものです。この実験からは，前操作期（2〜6歳）にいる子どもは自分自身が見ている「山」と同じものを他の異なる位置にいる子どもも見ていると答えることがわかりました。なぜ，この課題を取り上げたかといえば，他者の話を「聴く」ときに，私たちも前操作期の子どもと同様の自己中心的な視点から聴いている場合があるからです。

　私たちは，自分の経験や理論的な枠組み，一般的な常識を参照しながら他者の話を聴く傾向があります。保護者対応を例にあげると，保護者も教員も「子どもを育てる」という同じ目的をもちながら，話し合いの中で対立することが少なくありません。なぜならば，自分が立っている場所から，他者の「話」を解釈しようとするからです。しかし，自分が立っている場所からは「理解できないクレームでしかない話」が，相手が立っている場所からみれば「困った末の相談」であることも少なくはありません。「私」が「私の立場」からのみ解釈すると，相談内容の真意に気づかないことが生じてくるのです。

　他者の話を「聴くこと」は簡単なことではありません。聴き手や話し手の背景にある経験や，それぞれが生きている歴史や文化が異なっている場合，想像力を働かせなければ相手の真意を受け取ることは難しいといえます。しかし，少し，自分の位置をスライドして，相手が見ている山の形を一緒に見たとき，相手が何を伝えたいのかが理解できるのではないかと思います。

　本書が，これから教員を目指す学生や現職の教員の方々にとって，よりよい教育相談の活動のために，そして何よりも「子どもの育ち」を支える実りある対話を拓くための一助となれば幸いです。

　出版にあたってはミネルヴァ書房の吉岡昌俊氏に，大変お世話になりました。

　2014年3月

向後礼子・山本智子

第2版の刊行にあたって

　2014年の初版の刊行から5年を経て，第2版を刊行します。今回の改訂では，最新の統計データや調査結果，改正後の法律，子どもたちをめぐる近年の状況をもとに，本文，事例，図表をより新しい内容に改めました。

　2019年6月

向後礼子・山本智子

目　次

はじめに

第Ⅰ部　基礎編

第1章　教育相談の基礎知識 …………………………………………………………… 3

1　教育相談とは：教育相談の3つの機能 …… 3

（1）開発的（発達促進的）教育相談 …… 3

（2）予防的教育相談 …… 4

（3）問題解決的（治療的）教育相談 …… 4

2　児童・生徒の声を聴く：教育相談の場面 …… 5

3　保護者との連携 …… 6

　ワーク　経験を振り返ろう …… 8

　ワーク　学級目標を考えてみよう …… 8

第2章　価値観の多様性を理解する ………………………………………………… 9

1　価値観の多様性 …… 9

　ワーク　価値観の多様性を理解する …… 10

　コラム　意見を伝える／意見をまとめる …… 16

第3章　聴くスキル ……………………………………………………………………… 17

1　話を聴くための準備 …… 17

2　話を聴く：アクティブリスニング …… 18

3　質問のスキル …… 19

4　支持と明確化 …… 20

5　聴き手としての留意点 …… 20

（1）聴き手としての態度 …… 20

（2）相談場面の設定 …… 21

　ワーク　話を聴く …… 22

iii

第4章　子どもたちのサイン ……………………………………………… 25

1 子どもたちからのSOS …… 25

（1）子どもたちのサインに気づく …… 25

（2）対応の際の留意点 …… 25

ワーク　子どもたちのサインに気づく …… 26

コラム　児童虐待についての知識 …… 30

子どもたちのサイン：学校編 …… 31

子どもたちのサイン：家庭編 …… 33

第5章　自己理解を深める ……………………………………………… 35

1 自分自身について知る：自己理解と他者の視点 …… 35

2 自己理解を深めるために …… 36

（1）認知の偏り …… 36

（2）防衛機制 …… 37

（3）エゴグラム …… 38

第Ⅱ部　実践・事例編

ロールプレイの進め方 …… 44

1．ロールプレイの目的 …… 44

2．ロールプレイの方法 …… 44

3．ロールプレイを演じる際の留意点 …… 45

ロールプレイ・振り返りシート …… 46

第6章　不登校の児童・生徒への対応（1）──不登校に関する基礎知識 …… 49

1 不登校についての理解 …… 49

2 不登校の定義と実態 …… 50

3 不登校のタイプと対応 …… 51

（1）「学校生活上の課題」に起因するタイプ …… 52

（2）遊び・非行のタイプ …… 52

（3）無気力タイプ …… 53

（4）不安など情緒的混乱のタイプ …… 53

（5）意図的な拒否のタイプ …… 54

（6）複合タイプ …… 54

（7）不登校対応のポイント：柔軟性と個別性 …… 54

4 不登校に至る「きっかけ」…… 54

目　次

　5　不登校に寄り添う基本的な姿勢 …… 55

　　（1）子どもの思いを聴く …… 55

　　（2）子どもの力を信じる …… 55

　　コラム　不登校にかかわるキーワード …… 56

第7章　不登校の児童・生徒への対応（2）──不登校対応へのポイント …… 57

　1　不登校に対する基本的な姿勢と対応について …… 57

　　（1）子どものサインから学ぶ …… 57

　　（2）子どもの意思を確認する …… 58

　　（3）子どもや保護者と学校との風通しをよくしておく …… 58

　　（4）学校内外の連携 …… 58

　　（5）学校以外の「居場所」についての情報を提供する …… 59

　2　不登校についての事例検討：ロールプレイ …… 60

　　ワーク　事例をとおして学ぼう …… 61

第8章　いじめに関する児童・生徒への対応（1）──いじめに関する基礎知識 …… 65

　1　いじめとは …… 65

　2　文部科学省による「いじめ」の定義 …… 67

　3　いじめはなぜ起こるのか …… 67

　　（1）児童生徒の問題 …… 67

　　（2）家庭の問題 …… 68

　　（3）学校の問題 …… 68

　4　いじめの構造 …… 69

　5　いじめ対応の基本的な流れ …… 70

　　（1）最初の対応を慎重に …… 70

　　（2）いじめられている子どもの気持ちに寄り添う …… 70

　　（3）情報収集と情報交換を密に …… 70

　　（4）当事者だけではなく学校全体の問題として取り組む …… 72

第9章　いじめに関する児童・生徒への対応（2） …… 75

　　　　　──いじめの多様性を事例から理解する

　1　いじめの様態 …… 75

　　（1）冷やかしやからかい，悪口や脅し文句，嫌なことを言われる …… 76

　　（2）軽くぶつかられたり，遊ぶふりをして叩かれたり，蹴られたりする …… 76

　　（3）仲間はずれ，集団による無視をされる …… 77

　　（4）嫌なことや恥ずかしいこと，危険なことをされたり，させられたりする …… 78

　　（5）金品を隠されたり，盗まれたり，壊されたり，捨てられたりする …… 79

（6）ひどくぶつかられたり，叩かれたり，蹴られたりする …… 79

（7）パソコンや携帯電話等で，誹謗中傷や嫌なことをされる …… 80

（8）金品をたかられる …… 81

2　いじめ対応への基本的姿勢 …… 81

（1）いじめられた子どもに対して …… 81

（2）いじめた子どもに対して …… 82

（3）当事者ではない子どもに対して …… 82

3　いじめについての事例検討：ロールプレイ …… 82

第10章　発達障害のある児童・生徒への対応（1）──発達障害の理解 …… 87

1　特別支援教育における発達障害 …… 87

2　発達障害の基礎知識 …… 89

（1）広汎性発達障害（自閉症スペクトラム障害）…… 90

（2）注意欠陥多動性障害（ADHD：Attention-Deficit Hyperactivity Disorder）…… 91

（3）学習障害（LD：Learning Disabilities または Learning Disorders）…… 92

3　発達障害を背景とした困難への対応をめぐって …… 92

情報収集のポイントを整理してみよう …… 94

コラム　特別支援教育にかかわるキーワード …… 95

第11章　発達障害のある児童・生徒への対応（2）…… 97
──発達障害を背景とする児童・生徒の理解

1　困難への気づき …… 97

（1）困難は誰にでもある …… 97

（2）発達障害の診断・告知・開示 …… 99

2　周囲の理解 …… 100

事例検討を通して理解を深める …… 101

第12章　保護者を対象とした教育相談（1）…… 105
──保護者対応の重要性とポイントの理解

1　保護者の「声」…… 105

2　保護者からの相談の本質を見抜く …… 105

3　「モンスターペアレント」という言葉がもたらす弊害 …… 107

4　保護者対応についての事例検討（1）：ロールプレイ …… 108

目　次

第13章　保護者を対象とした教育相談（2）……………………………………………113
──保護者対応の基本的な流れと具体的な事例の検討

1　保護者対応の基本的な流れ……113

2　相談の多様性の理解……115

（1）事例1：教員の教え方についての助言……115

（2）事例2：校則違反をめぐって……116

（3）事例3：担任との関係について……116

（4）事例4：いじめについて……117

（5）事例5：障害特性への配慮について……117

3　他機関との連携……118

4　保護者対応についての事例検討（2）：ロールプレイ……119

コラム　教員として一番大事なこと（福村もえこ）……121

第14章　教員のメンタルヘルス ………………………………………………………125

1　教員のメンタルヘルスに関する現状と課題……125

2　教員のメンタルヘルス不調の背景……125

（1）藤原先生の場合：保護者対応に疲れて……126

（2）北井先生の場合：教員としての無力感にさいなまれ……127

（3）高井先生の場合：管理職や同僚との関係に悩んで……128

（4）田中先生の場合：忙しすぎて……128

（5）まとめ……129

3　連携の重要性……130

ロールプレイに用いた事例を解釈するときの視点（例）……133

巻末資料……137

いじめ防止対策推進法のあらまし……138

『ネット上のいじめ』から子どもたちを守るために

──見直そう！ケータイ・ネットの利用のあり方を（一部抜粋）……140

特殊教育から特別支援教育への転換──障害児・者施策を巡る国の動向……141

通常の学級に在籍する発達障害の可能性のある特別な教育的支援を必要とする

児童生徒に関する調査……144

障害の発見や相談・支援にかかわる主な機関とその役割……147

索　引

第Ⅰ部

基 礎 編

第1章
教育相談の基礎知識

ねらい
◆ 教育相談の3つの機能を理解する。
◆ 学校時代の経験を振り返り，教育相談的活動についての理解を深める。

１　教育相談とは：教育相談の3つの機能

　教育相談という言葉を聞いたことがない人は少ないと思います。ですが，教育相談とは具体的にどのような活動かと聞かれるとどうでしょうか？「教育相談を受けたことがある」人はどのくらいいるのでしょうか？

　文部科学省によれば，教育相談とは，「一人一人の子どもの教育上の諸問題について，本人又は保護者などにその望ましい在り方について助言指導することを意味しています。言い換えれば，子どもたちの持つ悩みや困難の解決を援助することによって，その生活によく適応させ，人格の成長への援助を図ろうとするもの」ということになります（「生徒指導提要」）。

　悩みや困難というといじめや不登校，非行などをイメージする人が多いかもしれません。ですが，児童・生徒はいずれもクラスや部活動での友人関係について，また，学業成績やその後に控えている進路などに関して，"悩み"や"問題"とまではいかなくても，それぞれに「どうしたらよいのだろう」と考え，答えを探しています。教育相談の活動には，こうした課題に直面したときにどのように解決していくのか，その問題解決の力を育てること，また，個々人の良さをさらに伸ばし，自己実現（自分の目的や理想に向けて努力し，それを達成すること）へつなげるための支援も含まれます。このように考えると，本来は，すべての児童・生徒が教育相談の対象となっていることになります。

　ここでは，まず，教育相談の3つの機能について詳しくみていくことにしましょう。

（1）開発的（発達促進的）教育相談

　開発的教育相談の対象者は，すべての児童・生徒です。学校生活への適応とともに人格的な成長を促進するという観点からは，自己肯定感を高める活動と同時に他者との違いを認め，互いに支え合う人間関係を築くための活動もまた，教育相談の活動に含まれることになります。したがって，社会的なスキルやコミュニケーション能力などを向上させ，自

3

第Ⅰ部 基礎編

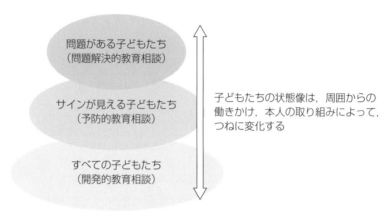

図1-1 教育相談の3つの機能

分の思いを相手に適切に伝えたり，相手の話を聴く力を育てることも教育相談における重要な活動といえます。友人関係がうまくいかないとき，無視したり，暴言や暴力などによって相手を傷つけることなく問題が解決できれば，仲間はずれやいじめなどの問題に発展することを未然に防ぐことができます。また，怒りや嫌悪などの感情を適切な方法で解消することなども学校生活への適応のために必要な力といえます。なお，こうした力を育てる活動は，道徳や総合的な学習の時間および特別活動などにおいて重点的に取り組むことに加えて，学校生活のすべての学びの中で時と場合に応じて取り入れることが大切です。

(2) 予防的教育相談

問題を未然に防ぐ教育相談の活動です。学習のつまずきや家庭の問題なども含めて，表面上は大きな問題となっていないけれど，ストレスが高い状態にある子どもたちのSOSのサインを見逃すことなく，早期に対応することで，大きな問題になることを防ぐことができます。このサインを見つけるためには，日頃から児童・生徒の活動をよく観察し，それぞれの児童・生徒の特性を理解しておくことが大切です。

(3) 問題解決的（治療的）教育相談

いじめや不登校，非行などの問題が生じた際には，本人への働きかけはもちろん，周囲の児童・生徒，家族，場合によっては専門家（医療機関，児童相談所，警察など）の力を借りて，問題の解決を図ることが必要となります（関係機関の一覧は，章末の表1-2）。

この際，大切なことは問題が生じた背景についての理解です。たとえば，友人や教員との人間関係についての相談あるいは親子関係などの家庭での問題を背景とした相談と，発達障害（学習障害・自閉症スペクトラム障害・注意欠陥多動性障害など）や精神障害（うつ病・統合失調症など）等の障害を背景とした相談では，対応が異なるからです。とくに，後者の場合は，障害の診断や対応を含めて，専門家の力が必要となります。なお，こうし

第1章　教育相談の基礎知識

た要因は必ずしも独立ではなく，複数の要因が複雑に絡み合っている場合もあるでしょう。

② 児童・生徒の声を聴く：教育相談の場面

　教育相談は，児童・生徒が自主的に相談にやって来るところから始まるわけではありません。教育相談は，あらゆる教育機会を利用して行われるものです。たとえば，廊下ですれ違ったときや昼休みを含めた休み時間などのきわめて短い時間のかかわりであっても，児童・生徒に積極的に声をかけていくことも教育相談の重要な活動です。とくにSOSのサインが見られるときは，声かけをきっかけとして様子を見ながら，必要に応じて個別に相談の時間を設ける場合もあります。この場合，注意すべき点は，他の児童・生徒の前で特定の生徒を呼び出す際の声かけです。他の児童・生徒に悩みがあることを知られたくないと感じている場合もあるからです。

　また，SOSのサインを積極的に見つける試みとして日誌の交換や短時間の面談を定期的に行うこと，あるいはアンケートなどの活動を検討するのもよいでしょう。場合によっては心理テストなどを選択肢に含めることもありますが，この場合は，結果のフィードバックを含めて，実施しようとする検査について十分な知識を得ていること，また，検査そのものが児童・生徒に与える影響を考慮するなど十分な事前準備が必要です。

　しかし，いずれの場合も児童・生徒との間に信頼関係が築けていることが前提です。信頼関係があってこそ，児童・生徒は自分の悩みや問題を自ら，あるいは教員の問い掛けに応えて伝えてくれます。大学生を対象に小学校・中学校・高等学校時代を振り返って，悩みや問題が生じたときに教員に相談しなかった理由を挙げてもらいました（表1-1）。これらの回答からは，"教員"であれば，児童・生徒が無条件に困っていることや悩みを打ち明けてくれるわけではないことがわかります。悩みがあっても教員との間に距離を感じていたり，日頃の関係が弱い場合は，相談対象として選択されないことがわかります。また，たとえ教員がSOSのサインを見つけて声かけをしたとしても，問題解決能力の点で十分ではないと判断した場合，相談につながるわけではないこともわかります。

表1-1　先生に相談をしなかった理由

- （先生が）自分のことをよく知らないと思ったから
- 信頼できないと思ったから
- 先生に相談しても事態がややこしくなると思ったから
- あまり頼りになりそうもなかったから
- 先生との距離が遠い気がしたから
- 相手にしてくれなかったから
- なかなか言い出せなかったから／話すきっかけがなかったから
- 本当の自分を見せることが不安だったから
- 先生にはなぜか，見栄を張ってしまったから

5

第Ⅰ部 基礎編

　その一方で，教員に対して素直になれない気持ち（見栄を張ってしまう）などにも注意して，最初に声かけをしたときに「とくに問題はない」と言われたとしても，それで終わらせてしまうのではなく，その後も注意深く見守ることが大切です。

　なお，すでに不登校などによって学校での相談活動が難しい場合は，教員が各家庭を訪問するなどして相談場面を設けることになります。ここでは，児童・生徒のみならず，保護者との信頼関係も重要になってきます。

3　保護者との連携

　教員と保護者は互いに情報を共有し，連携をとることで子どもについての理解を深めることができます。家庭でどのように過ごしているか，また，保護者が子どもにどのように接しているかは，子どもの性格や行動に大きな影響を与えます。そのため，教員は保護者の教育に対する考え方や子育ての方針などについても理解しようと努める姿勢が大切です。

　保護者との話し合いの中で生育の状況や今までの友人関係，学業成績などについて知ることは，現在の子どもを理解する上で大切な情報といえます。一方で保護者自身も子育てに悩み，どのように対応したらよいかわからず，教員に助言を求めることもあるでしょう。このような保護者への助言も教育相談の重要な活動の一つです。また，ときには，保護者の養育態度が適切とはいえないというケースもあるでしょう。しかし，このような場合でも保護者を非難し，対立する存在として向き合うのではなく，それまでの保護者の努力を認めつつ，より適切なかかわりができるようともに考える姿勢が大切です。

引用・参考文献
文部科学省（2010）生徒指導提要　第5章教育相談の意義

第1章　教育相談の基礎知識

表1-2　教育相談関係機関一覧

専門機関名	主なスタッフ	内　容
教育委員会	指導主事，職員，臨床心理士，社会福祉士，精神保健福祉士	教育課程，学習指導，生徒指導に関する相談・指導・助言，法的な助言
教育相談センター　教育相談所／研究所等	相談員，臨床心理士，医師，社会福祉士，精神保健福祉士	性格，行動，心身障害，学校生活，家庭生活等の教育に関する相談
教育支援センター　（適応指導教室）	指導員，相談員，臨床心理士，社会福祉士，精神保健福祉士	不登校児童生徒の学校復帰への支援
発達障害者支援センター	相談員，指導員	発達障害に関する相談・生活支援
特別支援学校　（センター的機能）	教員	障害全般に関する相談・学校支援
市町村	社会福祉主事，母子相談員，家庭相談員，臨床心理士，保育士	児童福祉法に基づき，児童等の福祉に関し，情報提供，相談対応，調査，指導を行う第一義的な窓口である。児童相談所とともに，児童虐待の通告先となっている。
学校医を含む病院等の医療機関	医師，歯科医師，看護師	心身の疾病に関する相談・診断・予防・治療
保健所　保健センター　保健福祉センター	医師，保健師，看護師，精神保健福祉士，臨床心理士，相談員	地域保健法に基づき，各都道府県・指定都市・中核市に設置。主な業務は，栄養の改善および食品衛生に関する事項，医事および薬事に関する事項，保健師に関する事項，母性および乳幼児ならびに老人の保健に関する事項，歯科保健に関する事項，精神保健に関する事項，エイズ，結核，性病，感染症その他の疾病の予防に関する事項，その他地域住民の健康の保持および増進に関する事項等
精神保健福祉センター	精神科医，臨床心理技術者，精神科ソーシャルワーカー，保健師	精神保健福祉法に基づき，各都道府県・指定都市に設置。主な業務は，精神保健に関する相談，人材育成，普及啓発，調査研究，精神医療審査会の審査に関する事務等
児童相談所	医師，児童福祉司，児童心理司，児童指導員	児童福祉法に基づき，各都道府県・指定都市等に設置。18歳未満の子どもに関するさまざまな相談（養護相談，育成相談，非行相談，障害相談等）に対応。都道府県によっては，その規模などに応じ複数の児童相談所およびその支所を設置。主な業務は，児童福祉司や児童心理司が保護者や関係者からの子どもに関する相談に応じ，子どもや家庭について必要な心理判定や調査を実施し指導を行う。行動観察や緊急保護のために一時保護の制度もある。

（出所）　文部科学省（2010）第5章，pp.133-134より一部改変

第Ⅰ部　基　礎　編

> **ワーク**　経験を振り返ろう

【課題 1：個人課題】

　教育相談の活動には 3 つの機能がありました。これらを踏まえて，今までの「教育相談」の経験を振り返りましょう。自分が経験した活動を機能毎に分けて，記述してください。経験がない場合は，空欄とします。

開発的教育相談

予防的教育相談

問題解決的教育相談

> **ワーク**　学級目標を考えてみよう

【課題 2：グループ課題】

　すべての児童・生徒の学校生活への適応と人格的な成長を促進する（開発的教育相談）という観点からは，どのような学級をつくるかは重要です。たとえば，「協力的なクラス」「一人ひとりが主役のクラス」「みんなが活躍するクラス」などさまざまな学級目標が挙げられるでしょう。話し合って，学級目標を決め，その目標を達成するための具体的な活動について整理してみましょう。

　（※課題 2 については，レポートとして個人課題にすることもできます。）

第2章

価値観の多様性を理解する

ねらい

◆ 多様な価値観を理解する。

◆ 自分とは異なった意見を受け止める（他者の話を聴く）。

◆ "言葉" に付与した意味の違いに気づく。

■1 価値観の多様性

「価値観が一人ひとり異なること」に関しては，言葉としては理解していますが，実際に話す場面になると自分の価値観が他者と違うこと，つまり一人ひとり大切にするものが異なること，あるいは，ものごとへの重み付けや優先順位が異なることを忘れてしまいがちです。

教師は，子どもたちにさまざまな言葉で語りかけますが，そこには教師の価値観が無意識的に反映されている可能性があることに留意する必要があります。たとえば，シュプランガー（Spranger, E.）というドイツの哲学者は，価値観について，①理論型（物事を客観的に捉え，主観的な好き・嫌いではなく論理的に説明することに価値をおく），②経済型（物事を経済性の点から評価し，財力や経済力に価値をおく），③審美型（物事を客観的に捉えるのではなく，主観的な美しさに価値をおく），④社会型（他者と協調して物事を達成することに価値をおく），⑤権力型（権力を求め，他者を支配することに価値をおく），⑥宗教型（神や神秘的なことに価値をおく）というの6つの型に分類できるとしています。皆さんは，これらの6つの型のうちどの型に一番当てはまるでしょうか？

それぞれに異なるはずですが，その違いはどこから生じてくるのでしょうか。価値観は，家族や教員，友人などの周囲の人々とのかかわり（直接的な経験）の中で，また，今までに皆さんが読んだ本やインターネットで得た情報（間接的な経験）を基に形成されます。個人によって経験も触れる情報も異なりますから，当然，価値観は多様なものになります。クラスで学級の目標を決めるときや文化祭や体育祭などのさまざまな行事を行うとき，子どもたちの意見には，それぞれの価値観が反映されます。もちろん，教員の意見も同様です。とくに，現在は，急速に進んだ情報化社会の中で，子どもたちはさまざまな人々のもつ多様な価値観に触れる機会が多くあります。その中から，何を選択し，自分の行動や意見に反映させていくのか，選択肢が広がった分，昔よりも難しい時代といえるかもしれま

第Ⅰ部　基 礎 編

せん。

　ですが，この価値観の多様性を理解することは，他者との円滑な対人関係を築き，コミュニケーション能力を高める上でも欠かすことができない活動です。自分の意見や行動の背景を理解し，また，相手がどのような視点から物事をすすめようとしているのかを知ることで，お互いの意見を尊重し，協力的な活動を行うことができるからです。そのためにも子どもたちにとって，この価値観の多様性を理解するための活動は重要です。

　また，教員にとっても，子どもや保護者との相談場面において価値観の多様性を理解した対応が重要となります。とくに価値観の形成段階にある子どもたちにとって，教員の発言は，その価値観の形成に影響を与える可能性があるからです。子どもに教員自身の価値観を選択するように無意識に仕向けることのないように気をつける必要があります。一方で，すでに確立した価値観が形成されている保護者と向き合う場合は，保護者のもつ価値観を大切にした上での話し合いが相互の信頼関係を深めるために欠かせません。自分の価値観とは異なる意見をもった保護者に対して，協力的ではない，あるいは，適切に子どもとかかわっていないと考える場合，保護者との間に信頼関係を築くことは難しくなるでしょう。

　価値観の相違は，優劣ではありません。どちらかが正しい，あるいは間違っているということではなく，大切なのは，どのような背景が現在の価値観の形成に影響を与えているのかを知ろうとすることです。つまり，相手に関心をもち，その価値観を尊重するところから相談ははじまるといえます。

ワーク　価値観の多様性を理解する

（1）課題の準備

　価値観の相違について話し合う前に，自分自身がどのような物事に価値をおいているのかを知ることが必要です（自己理解）。そのために，まず，自分が大切だと思うものを下記の例を参考に4つ挙げてください。例の中から選んでも構いません。

> 例：友情 ／ 愛情 ／ お金 ／ 夢 ／ 名声（地位）
> 　　正義 ／ 自由 ／ 健康 ／ 個性　……　　　　　など

1		2		3		4	

第2章　価値観の多様性を理解する

（2）課題の進め方

　5人から6人で一つのグループを作ります。テーマは，「お互いが大切にしていること（価値観）を知る」です。

　グループでの話し合いが進みやすいようにリーダーを決めます。ただし，リーダーの活動は(1)と(4)のみです。それ以外の活動については，グループのメンバーが各自，積極的に参加するよう心がけてください。メンバー全員が話し合いに参加できる雰囲気を作るとともに，意見を発表していないメンバーがいないように気をつけてください。

(1)メンバーの自己紹介（自分が選んだ4つのキーワードとその理由を簡単に説明する）。

(2)グループで，合計8つのキーワードを選択し，用紙Aの下欄に記入する。

（10分～15分程度）

注意点
①グループで挙げられたキーワードが7つ以下の場合は，例を参考に合計8つを選択する
②8つ以上の場合は，時間がきたら多数決で決める

---

(3)8つのキーワードについて，自分が大切に思う順に数字を記入する。

(4)リーダーは，メンバーの順位を聴き取り，用紙Bに記入する。

(5)話し合いの際のルールを確認し，全員が納得する順位をつける。

（30分程度）

話し合いの際のルール
①納得できるまで話し合うこと
　　→多数決では決めない
　（1人でも異なる意見がある場合は，その意見もしっかり聴くこと）
②自分の意見を変えるときは，納得してから変えること
③全員が話し合いに参加すること

☆話し合いに時間制限はありますが，8つの順位を決めることよりも話し合い内容（自分の意見を伝え，相手の意見を聴くこと）を重視します。

---

(6)時間があれば，活動の内容について意見を交換する。

(7)個別提出用シートに記入する。

第Ⅰ部　基礎編

【用紙A】

【氏名：　　　　　　　　　　　】

1		2		3		4	

【氏名：　　　　　　　　　　　】

1		2		3		4	

【氏名：　　　　　　　　　　　】

1		2		3		4	

【氏名：　　　　　　　　　　　】

1		2		3		4	

【氏名：　　　　　　　　　　　】

1		2		3		4	

【氏名：　　　　　　　　　　　】

1		2		3		4	

＊＊＊＊＊＊＊＊＊＊＊＊＊＊＊＊＊＊＊＊＊＊＊＊＊＊＊＊＊＊＊

【グループで検討する8つのキーワード】

（　）内には，自分が大切に思う順に数字（1〜8）を記入する

1 順位（　　　）	2 順位（　　　）	3 順位（　　　）	4 順位（　　　）
5 順位（　　　）	6 順位（　　　）	7 順位（　　　）	8 順位（　　　）

第2章　価値観の多様性を理解する

【用紙B】

【記入の仕方】
①リーダーは、8つのキーワードを書き込み、メンバーの順位を記入する
②時間制限はあるが、できるだけ、意見をまとめるように努める
③このシートはグループで1枚作成する（提出）

8つのキーワード

（　）内にキーワードを記入する

【名前】	①（　　）	②（　　）	③（　　）	④（　　）	⑤（　　）	⑥（　　）	⑦（　　）	⑧（　　）

【最終的な順位：メンバーの意見が一致した順位】

第Ⅰ部　基礎編

■意見の主張に関する評価：4段階で評価する

1：できなかった　　　2：あまりできなかった
3：まあまあできた　　4：できた

○あなたは自分の意見をどのくらい主張できましたか　　　評価＿＿＿＿＿＿
○他のメンバーは，それぞれ自分の意見を主張できていたと思いますか
　　　　　　　　　　　　　　　　　　　　　　　　　　　評価＿＿＿＿＿＿

■意見を聴くことに関する評価：4段階で評価する
　「意見を聴く」とは，意見が変わったかどうかではなく，相手の話す内容を理解しようと努めたかどうかです。

1：できなかった　　　2：あまりできなかった
3：まあまあできた　　4：できた

○あなたは他の人の意見をどのくらい聴くことができましたか　　　評価＿＿＿＿＿＿
○他のメンバーは，お互いに他者の意見をどのくらい聴けていたと思いますか
　　　　　　　　　　　　　　　　　　　　　　　　　　　評価＿＿＿＿＿＿

■課題を通しての振り返り
　他のメンバーと意見が異なったとき，自分の意見を変えたか，変えなかったか，また，他の人が意見を変えたとき，あるいは変えなかったとき，どのように感じたか，その理由とともに振り返ってみましょう。
　その他，感じたこと，考えたことについても自由に記述してください。

※課題を通しての振り返り（参考）

①意見の違いについて

- 意見がバラバラで驚いた。
- いろんな意見があるとあらためて思った。
- 男女で違うこともあると感じた。
- 互いの価値観も育ってきた環境も異なるので，言葉の意味が違うこともある（同じ言葉なのに意味の取り方が違っていることがあることに気づいた）。
- 順位は同じでもその順位をつけた理由がそれぞれ違っていたので，結果は同じでもその答えに行き着くプロセスは違うのだと感じた。

②意見の変化について

- 他者の意見を変えるのも自分の意見を変えるのも難しいと感じた。
- 人にはそれぞれ譲れない意見（信念／大切にしているもの）があると感じた。
- 自分の意見が通ったとき，なんとなく，意見を押しつけたのではないかと気になった。
- 相手の意見が変わったとき，本当に納得してもらえたのかと思った。
- 話し合いの中で，自分の意見は意外と変わると感じた。
- 意見を変えたときは納得して変えた。
- 意見が異なっていても，他の人を納得させることのできる話し方や意見があれば，それぞれの意見は変わっていくと思った。
- 自分とは全然違う順位の人がいて，その人の意見に納得できないと感じた。

③話し合いの活動について

- みんな，少し，遠慮している部分もあったかなと感じた。
- 自分と違う考え方をする人の意見をあまり関心をもって聴くことができなかった。
- 話し合うことで問題が解決するのは多数決よりも気持ちがよかった。
- 順位よりも話し合い，理解することが大切だと思った（相手の言っていることもわかるけど，自分の意見も大切）。
- 意見がまとまったときに達成感があった。
- （意見が変わったかどうかではなく）自分の意見を聞いてもらえてすっきりした。
- 自分の意見が受け入れられると嬉しいと感じた。
- 人の意見を聞くのは，納得できるかどうかにかかわらず，視野が広がると思った。

第Ⅰ部　基礎編

コラム　意見を伝える／意見をまとめる

　価値観の多様性の課題では，意見をまとめることではなく，意見を伝え合う活動（意見交換）を重視しました。一方，学級の目標や学校行事でのテーマを決めるなど，意見をまとめることが重要な場面もあります。もちろん，意見をまとめる前にまず，アイディアを出し合う活動が必要です。

■アイディアを出そう：ブレーン・ストーミング

　ブレーン・ストーミングでは，まず，テーマを具体的に設定します。そのテーマについて，全員が発言し，その結果をみんなが確認できるようにします（黒板に書き出すなど）。また，アイディアを要約するとともに質疑応答などの活動を通して，さらにアイディアを発展させていきます。

【活動のポイント】
　①他の生徒の意見について，批判しない
　　　（こんなことを言ったら笑われるかも，反対されるかも……など，意見を自由に言えない
　　　雰囲気は NG）
　②発想は自由に（実現可能性などは後で検討する）
　③質より量（アイディアは多いほどよい）
　④他者のアイディアを大切に：
　　　（他の生徒の発言を聞きながら，新たに浮かんだアイディアをつけ加えたり，自分の意見
　　　を足したり，一部を修正してアイディアを発展させる）

■アイディアをまとめよう：ＫＪ法

　ＫＪ法は，たくさん集まったアイディアを整理して，意見をまとめるときに役に立ちます。まず，ばらばらなアイディアを一つずつカードに書き出し，書いたカードを並べて，関連性のあるカードを１箇所にまとめます。ある程度，まとまったら，そのグループにタイトルをつけます。さらに，タイトル同士を比較して，関連のあるグループをまとめていきます。
　最後に，残った複数のグループの関連性（対立／反対・因果関係など）がわかるように線などで結びます。

引用・参考文献
山田容（2003）対人援助の基礎　ミネルヴァ書房

第3章
聴くスキル

ねらい ────────────────────

◆ 話を聴くための基本的な姿勢を理解する。

◆ 傾聴のスキルについて学ぶ。

◆ 傾聴のスキルを体験する。

───────────────────────────

1 話を聴くための準備

　教育相談場面では，子どもたちの話に耳を傾けることが大切です。子どもたちは，信頼できる人との会話では心を開き，自分の悩みや素直な気持ちを打ち明けてくれますが，信頼できない人との会話では，悩みを打ち明けるどころか悩みがあることそのものを知られたくないと思うこともあります。

　ここで，大切なことは児童・生徒の話を次の3つの視点から理解することです。

(1)言葉を理解する

　児童・生徒が話す言葉をしっかりと受け止めるということです。児童・生徒の話に関心を寄せ，語られている言葉の内容を把握し，ときに適切な質問をすることで教員の向き合う姿勢を伝えます。

(2)気持ちを理解する

　発達段階によっては，また，自分の気持ちを話すことが苦手な場合は，言葉では自分の気持ちを十分に伝えられないこともあります。ですが，(1)での理解をもとに，また，表情や声の変化，姿勢や態度などから児童・生徒の中にある感情を理解し，その感情に共感するとともに，教員が適切な言葉で児童・生徒に伝えることで「自分の気持ちが伝わった」と感じられると安心して自分の思いを語ることができます。

(3)隠されたメッセージを理解する

　相談のはじめでは，とくに，信頼して心を開いてもよいか迷っている段階では，ときに教員を試すような言動をする児童・生徒もいます。乱暴な言葉遣いや反抗的な態度にとらわれてしまうと隠されたメッセージが読み取れず，せっかくの機会を失うことになります。わかってほしいという思いとは裏腹な言動をする児童・生徒には粘り強く，理解したいという教員のメッセージを伝える続けることが大切です。

　(1)～(3)の視点を大切にしながら，この章では「話を聴く」ための具体的なスキルについ

第Ⅰ部 基礎編

て解説します。

2 話を聴く：アクティブリスニング

　アクティブリスニングとは，相手が話すことを聴くだけでなく，相手がもっと話したくなるような聴き方です。

　児童・生徒は，伝えたいことはたくさんあってもうまく話せないと感じていたり，自分の気持ちを表す言葉がうまく探せなくて，もどかしい思いでいたりします。「話すことが苦手な子ども」は，「話すことがない子ども」ではありません。聴き方を工夫することで，児童・生徒の伝えたいという気持ちを受け止め，話を聴いてもらえた（理解してもらえた）という経験を通して，児童・生徒の心を支えます。

　また，教育相談場面でのアクティブリスニングでは，児童・生徒，そして保護者が自分自身の語りの中から，考えを整理し，納得のいく結論を導き出すことを支援します。

　アクティブリスニングでは，何よりも"傾聴（児童・生徒や保護者の話に耳を傾けること）"が大切ですが，その際には言語的な情報（話の内容）の理解だけでなく，観察を通して得られる非言語的な情報の理解も大切です。観察のポイントとしては，①アイコンタクトの頻度や視線の動き，②表情，③声の質や大きさ，④言葉遣い，⑤服装，身だしなみ，などが挙げられます。

　また，うなずきやあいづちなどで相手が話しやすい雰囲気を作るとともに，相手の話のキーワードを繰り返したり，話の要点を短くまとめて伝えることなどを通して，関心があること，話をしっかりと聴いていることを伝えます（表3-1）。

　会話では，受容的（許容的）な態度を大切にします。基本的には，相手の言動を否定したり批判したりせず，最後まで話を聴きます。ただし，すべての言動を認めるということではなく，「○○を壊した」などの不適切な行為があったときは，「そのくらい腹が立ったんだね」などのように，そのときの感情については共感しますが，行為の是非は分けて考える視点が必要です。また，先回りして過剰な解釈をつけ加えたり，結論を決めつけず，話が終わるまで待ちます。ときには，長い沈黙ではじまる場合や途中で会話が途切れることもありますが，相手のペースを大切にして，無理に話しかけたりせずに待つことも大切です。ただし，自ら語り出すことが困難だと思える場合は，適切な言葉かけ（励まし，共感の言葉，簡単な質問など）を通して発言を促します。

第3章　聴くスキル

表3-1　傾聴のスキル

うなずき	話の合間に首をタテに振ります。このとき，相手の話のテンポを壊さないようにすることが大切です。たとえば，速いテンポでの話では，うなずきは早く，ゆっくりしたテンポの話では，うなずきもゆっくりになります。
あいづち	相手の話の合間に短い言葉をはさみます。あいづちには，いろいろなパタンがあります。また，うなずきと併せて使うこともあります。 　場合によっては，特定のあいづちを無意識のうちに使っていることもありますが，年齢や関係性によっては相手に不快感を与える場合もあるので注意が必要です。 ■ 例を参考に自分が日頃，よく使うあいづちや不快に感じるあいづちについて考えてみましょう 「はい」「はい，はい」　　　／　「ええ」「ええそうね」 「ふん」「ふーん」　　　　　／　「そう」「そうそう」 「なるほど」「なるほどねえ」 　また，あいづちのかわりに話の合間や切れ目に励ましの言葉をはさむこともありますが，安易に「大丈夫」などと言わないようにしましょう。根拠がなく言われた言葉は，真剣に考えてくれているのかという疑問を生じさせます。
繰り返し	相手の話のポイントとなっているキーワードをそのまま繰り返すことで，話を真剣に聴いていること，また，理解していることを伝えます。 「Ａくんが僕のことを○○と言ったんだよ」 　→「○○って言ったんだね」　：言われた内容がポイント 　→「Ａくんが言ったんだね」　：誰が言ったかがポイント
言い換え	相手の話の内容を自分の言葉で短くまとめて伝えます。言い換えを通して，話のポイントを理解していることを伝え，同時に，自分の理解が正しいかを確認します。 　話し手は，短くまとめられた内容を聴き手から伝えられることで，自分の考えを整理することができ，また，本当に言いたかったことが明確になることがあります。 【言い換えの際の留意点】 　「○○のように感じますが」「このように理解したのですが」など，言い切りの形はとらないようにしましょう。 　とくに，相手が明確に言葉にしていない思いについて言及するときは注意が必要です。相手の気持ちにそった言葉であれば，「わかってもらえた」となりますが，違った場合は，「伝わっていない」と感じられるからです。

③　質問のスキル

　質問には大きく分けて2種類あります。一つは，客観的事実を尋ねたり，「はい」「いいえ」で答えられる"閉じた"質問です。閉じた質問は，話の確認や短時間で情報を収集するときに有効です。

　ただし，閉じた質問を続けて多用すると詰問されている感じがするので注意が必要です。

第Ⅰ部 基礎編

> 例：「Aくんって，隣のクラスのAくんのこと？」
> ：「けんかが起きる前，Aくんとは何をして遊んでいたの？」

　もう一つは，「はい」「いいえ」や単語では答えられない，広がりのある"開かれた"質問です。開かれた質問は，相手の心理状態や考えを問うときに有効です。ただし，開かれた質問に関しては，回答がすぐには思い浮かばない，あるいは話すことをためらうなどの場合，沈黙が続くこともあります。このような場合，表情や態度の変化に注目しながら待つことも大切です。

> 例：「Aくんとけんかして，どんなことを考えた？」
> ：「Aくんは昨日のこと，どう思っていると思う？」

④　支持と明確化

　児童・生徒（保護者）は，自分の言動に自信がないときや迷っているとき，また，教員がどのように自分を評価するのか，などが心配なとき，話すことをためらうことがあります。このような場合，教員は相手の気持ちに共感し，受け入れる姿勢（支持）を示すことで，会話を促します。ただし，不適切な言動をそのままよいとするものではありません。

> 例：「そうか。それで，あんなに怒ったんだね。あなたが怒る気持ちもわかるよ。」

　また，自分の気持ちについて，はっきりとは意識化できていない，あるいは，自分から言葉にすることをためらう気持ちが無意識にあるときに，教員が言葉にして明確に伝えることで，わかってもらえていると感じられたり，「あ，自分は今，こんな気持ちでいるのだ」と気づいたりできます。

> 例：「Aくんのことをいろいろと話してくれたけど，本当は，Aくんとまた，前みたいに仲良く遊びたいと思っているんじゃないかな？」

⑤　聴き手としての留意点

（1）聴き手としての態度

　教育相談は，基本的に対面で行われることが多いため，児童・生徒や保護者もまた，教員の姿勢や態度を観察していることを忘れてはなりません。「②話を聴く」で挙げた観察のポイントは，同様に聴き手である教員にも当てはまります。

　聴き手として，教員自らも①アイコンタクトの頻度や視線の動き，②表情，③声の質や

大きさ，④言葉遣い，⑤服装，身だしなみ，などについて意識することが必要です。

　たとえば，聴き手が別の作業をしながら話を聴いている（アイコンタクトが十分にとれない）とき，そのまま話を続けたいと思うでしょうか？　また，無意識に腕や脚を組みながら話を聴くこともあるでしょうが，それらの態度は話し手にどのような印象を与えるでしょうか？　聴き手として，話の内容だけでなく，自分がどのような表情や態度でいるのかを意識し，コントロールすることも大切です。

（2）相談場面の設定

　話を聴くときの位置関係（相手との物理的な距離や角度）は，心理面に大きな影響を与えます。黒丸が児童・生徒，白丸が教員を表しています。皆さんはどの位置に座って相談をはじめますか？

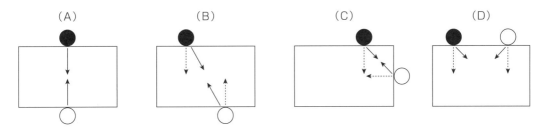

図3-1　相談場面の設定

　（A）では，正対していますから，教員が児童・生徒をみている場合，視線をあげると目が合う確率が高くなります。そのため，心理的な圧迫感が強い座り方といえます。もし，児童・生徒が教員と視線が合うことを回避して下を向き続けた場合，表情の変化などを見つけるのは難しいかもしれません。

　これに対して，（B）と（C）の座り方は角度をずらすことによって，（A）での圧迫感を軽減することができます。視線は，互いに意識すれば合いますが，無理なく，視線をずらすこともできます。

　（D）は親しみを示す座り方ですが，最初からこの位置で座るとなれなれしい感じを与え，かえって抵抗を感じる場合もありますので注意が必要です。また，互いの視線を合わせたり，表情を観察するためには，（B）（C）よりもさらに互いに意識する必要があります。

第Ⅰ部　基礎編

ワーク　話を聴く

■課題の進め方

　2人1組で会話をします。テーマは，「相手を知ろう」です。聴き手と話し手に分けますので，それぞれの役割を守って会話をします。聴き手になったときは，相手が話しやすいように，傾聴や質問のスキルを"意識して"使います。また，集中して話を聴くと同時に，会話中の自分の表情や姿勢などについても後で思い出せるように意識します。

　聴き手がいつの間にか，話し手にならないように気をつけてください。

①2人1組でペアを作る

②話し手と聴き手の役割を決める（5分間話す　→　シートの記入）

③話し手と聴き手を交替する（5分間話す　→　シートの記入）

④記入したシートを参考に意見・感想の交換をする

以下の例を参考に話す内容をまとめておきましょう（このシートは提出しません）。

【内容の例】

①名前　②自分の好きな動物（理由を含める）　③趣味

④最近読んだ本，または，最近見たドラマ・映画など（必ず，感想を含む）

第 3 章　聴くスキル

■聴き手になったときの振り返り： 4 段階で評価する

1：まったくそう思わない　　2：あまりそう思わない
3：少しそう思う　　　　　　4：そう思う

○集中して相手の話を聴くことができた。　　　　　　　評価＿＿＿＿＿＿＿

○話し手の語る内容を十分理解できた。　　　　　　　　評価＿＿＿＿＿＿＿

【振り返りと反省点】：傾聴のスキルについても考えてみましょう

■話し手になったときの振り返り： 4 段階で評価する

1：まったくそう思わない　　2：あまりそう思わない
3：少しそう思う　　　　　　4：そう思う

○集中して聴いてもらった。　　　　　　　　　　　　　評価＿＿＿＿＿＿＿

○自分が語ったことを聞き手にわかってもらった。　　　評価＿＿＿＿＿＿＿

【振り返りと反省点】：傾聴のスキルについても考えてみましょう

■課題を通しての振り返り

23

第Ⅰ部 基礎編

※課題を通しての振り返り（参考）

①聴き手として感じたこと

- あいづちがどうしても単調になってしまい，区別して使うことが難しく感じた。
- あいづちやうなずきなど日頃は意識していないので，意識すると難しい。
- 繰り返しが意外と難しいことがわかった（よく聴いていないとどこが相手の大切なポイントかわからないから）。
- 目を見て話を聴くのは恥ずかしいけど，その方が真剣に聴くことができるとわかった。
- 質問については，タイミングも重要だと思った。
- 聴き手なのに自分の話を多くしてしまった（自分は人の話を聴くのが苦手かも）。
- 相手のしゃべるテンポをうまく把握すれば，スムーズに会話が成り立つことを実感した。

②話し手として感じたこと

- 聴き手の態度や表情によって話しやすさに違いがあると感じた（相手の態度によっては興味がないのかと感じてしまう／相手の反応で不安になる）。
- 相手がうなずいてくれることでより話しやすくなった。
- 相手がちゃんと目を見て話を聴いてくれてよかった。
- 自分の話に共感してもらえると話すことが楽しくなった。
- 相手に自分の言いたいことを明確に伝えるのは難しい（うまく質問などをしてもらえると話しやすい）。
- 話している中で，繰り返しや言い換えをしてもらえると話しやすかった。
- 自分のことを知ってもらうのは嬉しいことだと感じた。

③全体の感想から

- もともとは人と話すのは得意ではないが，傾聴のスキルを意識していると自然とコミュニケーションができることに驚いた。
- 相手の目を見ることが苦手なので，聴き手でも話し手でも苦労した。
- 自分は沈黙が苦手だとわかった。
- 無意識にやっていることだが，意識することが大事だと思った（自分のクセもわかった）。
- 聞こえなかったところは，はっきり聞き返すのが大事（曖昧なまま話を進めるのは良くないと思った）。
- 傾聴のスキルが意外とできていないこと／できていることに気づいた。

第4章

子どもたちのサイン

ねらい ────────────────────────────────
◆ 学校と家庭で見られる子どもたちのサインに気づく。
◆ 学校と家庭との連携の大切さに気づく。
───

■ 子どもたちからのSOS

（1）子どもたちのサインに気づく

　学校におけるいじめや不登校をはじめとするさまざまな問題に関して，子どもたちの多くは，問題が表面化する以前にいろいろな形で意図的にあるいは意図せずにSOSのサインを出しています。たとえば，朝になると腹痛や頭痛，だるさなどの不調を訴えたり，授業中の態度に変化が見られたり，学業成績が急激に低下したりするなどの背景には，いじめや友達とのトラブルなどがあるかもしれません。

　これらのサインに教員や保護者が早期に気づき，お互いに情報を交換し，連携をとることで問題が深刻になる前に対応することが大切です。

　一方で，子どもたちは，いじめを教員や保護者に知られたくない（心配をかけたくない），いじめられている自分を認めたくない，仕返しを恐れるなどさまざまな理由から必ずしも教員や保護者に相談をするとは限りません。ときには，サインに気づいて声かけをしたとしても，「とくに問題はない」という答えが返ってくることもあります。また，いじめる側の子どもたちにもサインはあらわれます。ときには，いじめるという行為そのものがSOSのサインの一つでもあります。

　また，最近では，学校生活とは別にメールやブログなど，教員も保護者も気づきにくい状況での問題も少なくありません。しかし，具体的な内容について把握できないときでも，子どもたちのサインに気づくことができれば，問題解決のきっかけをつかむことができます。

（2）対応の際の留意点

　思春期の子どもたちは，自分らしさを探しながら，保護者から精神的な独立を試みる時期です。子どもたちのサインの背景には，必ずしも問題行動があるというわけではありません。この時期は，秘密をもったり，保護者や教員などの干渉を嫌がったりする時期でもあります。

第Ⅰ部　基 礎 編

　なお，学校における問題だけでなく，家庭における虐待（コラム参照）などの問題に気づくためにも子どもたちのサインについて知っておくことが重要です。

ワーク　　子どもたちのサインに気づく

【課題の進め方】

(1)4人（または6人）で1グループを作る。

(2)グループの中で「家庭で気づくサイン」「学校で気づくサイン」の担当に分かれます。各自が10個のサインを考えますが，ここでは，互いに相談はせずに，一人で考えます（5分〜7分）。

　　■家庭で気づくサインの例：

　　・朝になると腹痛や頭痛，だるさなどの不調を訴える。

　　・食欲がなくなる。

　　・口数が減る，など

　　■学校で気づくサインの例：

　　（登校時から下校時までのすべての行動が対象となります）

　　・遅刻が増える

　　・授業中にぼんやりしている

　　・笑顔が見られなくなる，など

(3)グループ内の家庭担当同士，学校担当同士に分かれて，意見を交換し，できるだけ多くのサインを見つけてください。すでに書かれている情報の交換だけでなく，話し合いながら，さらに多くのサインについて考えます（目標20〜25個）。

　　※このとき，見つけたサインを糊つき付箋などに1枚あたり一つずつ書き込むという作業をしておくと後の課題で有効に利用できます。

(4)家庭担当と学校担当の間で意見を交換します。ここでは，家庭と学校で関連するサインについて考えます。

　　たとえば，朝になると腹痛やだるさなど身体の不調を訴え，起きられない（家庭）という場合は，遅刻や欠席が増える（学校）でしょう。また，昼夜が逆転した生活（家庭）の場合も遅刻や欠席が増えます（学校）。加えて，授業中に寝ている（学校）などの行動が多くなるかもしれません。

　　「話し合いでの注意」を守って，提出用シート（グループ活動用）の空欄にそれぞれ関連すると考えられる項目同士を対応づけて記入していきます（糊付き付箋を利用し

た場合は，貼っていきます)。それぞれのサインは1対1ではなく1対多，多対多となることもあります。

【話し合いでの注意】
　①積極的に意見を述べる。
　②話しやすい雰囲気を作る。
　③担当・グループのすべての人が会話に参加できるように協力する。

※**提出用シートの記入例**

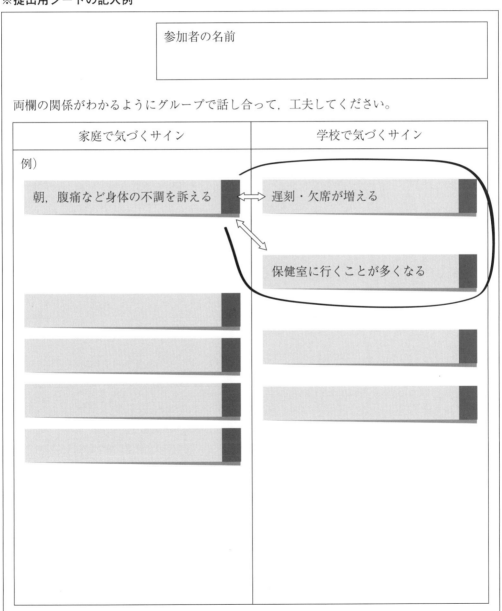

第Ⅰ部　基礎編

参加者の名前

両欄の関係がわかるようにグループで話し合って，工夫してください。

家庭で気づくサイン	学校で気づくサイン

第4章　子どもたちのサイン

振り返り用シート（自己評価）

①あなたは，自分の意見をどのくらい主張できましたか？

　（全然できなかった）　1　・　2　・　3　・　4　・　5　（十分できた）

②あなたは他の人の意見をどれくらい聴くことができましたか？

　（全然できなかった）　1　・　2　・　3　・　4　・　5　（十分できた）

③他のメンバーはそれぞれ意見を主張できていたと思いますか？

　（全然できなかった）　1　・　2　・　3　・　4　・　5　（十分できた）

④他のメンバーはお互いに聴き合っていたと思いますか？

　（全然できなかった）　1　・　2　・　3　・　4　・　5　（十分できた）

⑤子どもたちのサインについて，また，グループのメンバーとの意見交換を通して気づいたことなどを自由に記述してください。

第Ⅰ部 基礎編

コラム 児童虐待についての知識

　厚生労働省ホームページの「児童虐待の定義と現状」によれば，児童相談所（児童虐待を受けた児童を保護する機関）に寄せられた児童虐待の相談件数は，平成24年度で66,701件です。この数値は，統計を取り始めた平成2年度から一貫して増加し続けています。

　このため，学校および教職員に関しても児童虐待の早期発見と防止のための役割が求められています。

表4-1　児童虐待防止法における学校・教職員の役割

　学校及び教職員に対して，児童虐待を早期に発見し，虐待の被害を防止するための適切な対策をとり，児童生徒の安全を確保するために，具体的に以下のような役割が求められている。

①学校及び教職員は，児童虐待の早期発見のための努力義務が課されていること
②児童虐待を発見した者は，速やかに福祉事務所又は児童相談所へ通告しなければならない義務が課されていること
③児童虐待の被害を受けた児童生徒に対して適切な保護が行われるようにすること
④児童相談所等の関係機関等との連携強化に努めること，など

表4-2　児童虐待の種類

身体的虐待	性的虐待
殴る，蹴る，投げ落とす，激しく揺さぶる，やけどを負わせる，溺れさせる，首を絞める，縄などにより一室に拘束する　など	子どもへの性的行為，性的行為を見せる，性器を触る又は触らせる，ポルノグラフィの被写体にする　など
ネグレクト	心理的虐待
家に閉じ込める，食事を与えない，ひどく不潔にする，自動車の中に放置する，重い病気になっても病院に連れて行かない　など	言葉による脅し，無視，きょうだい間での差別的扱い，子どもの目の前で家族に対して暴力をふるう（ドメスティック・バイオレンス：DV）　など

（出所）厚生労働省　児童虐待の定義と現状
　　　（http://www.mhlw.go.jp/seisakunitsuite/bunya/kodomo/kodomo_kosodate/dv/about.html）

第4章　子どもたちのサイン

子どもたちのサイン：学校編

(1)出欠席など
- 欠席が増える・長引く
- 遅刻・早退が増える

(2)態度・行動（授業時間や成績に関連する）
- 授業をサボる（授業を抜け出す）
- 授業前に教室に入る時間がぎりぎりになる（少し遅れてから入ってくる）
- 授業に集中しない（私語などで妨害する・授業中に寝る）
- 授業中に立ち歩くなど落ち着きがない
- 授業に参加しない（授業中の発言が減る）
- 授業中にぼんやりしている
- 忘れ物が増えたり，物をよくなくす
- ノートなどをとらなくなる
- 課題をやってこない
  （今までは出していた提出物を出さなくなる，あるいは期限を守らなくなる）
- 成績が下がる

(3)態度・行動（授業時間以外）
- あいさつをしなくなる
- 話しかけても返事が返ってこないことが多くなる
- いつもいらいらしている・落ち着きがない
- 教員と視線を合わせなくなる
- いつも教員の近くにいるようになる（とくに用もないのに職員室にいる）
- 反抗的な態度が目立つ（口答えをする）
- 独りでいることが増える（班分けなどで孤立する）
- 友人関係の変化（仲のよかったグループからの離脱など）
- 掃除などを独りでやっている
- 体調不良の訴えにより保健室に行く回数が増える
- けんかなどのもめ事が多くなる
- 独り言が多くなる
- 突然，泣き出すなどの情緒的な不安定さがみられる

(4)服装・持ち物
- 身だしなみがだらしなくなる
- 身なりを気にしなくなる
- 髪を染める・ピアスなど校則違反が目立つ

第Ⅰ部　基　礎　編

- (制服でない場合）いつも同じ服を着ている・服の汚れが目立つ
- 持ち物の傷みが目立つ（教科書が汚れている・破れている）

⑸部活や学校行事
- 部活をやめる・部活を休む
- 学校行事に積極的でない（修学旅行などのイベントに参加しない）

⑹その他
- 体重の増減（著しく痩せる・太る）がみられる
- リストカットなどの自傷行為が疑われる
- 備品の破壊（ゴミ箱を蹴飛ばす・机を蹴る）
- 学校に不要なもの（ゲーム・携帯電話・お菓子・漫画など）を持ってくる
- 怪我が多くみられる（いじめ・非行・虐待のいずれの可能性もある）

第4章　子どもたちのサイン

子どもたちのサイン：家庭編

(1)生活のリズム：食事・睡眠など
- 体重の増減（拒食・過食などを含む）がみられる
- 登校前に頭痛・腹痛など体調不良を訴えることが多くなる
- 帰宅時間が遅くなる，または，夜に出かける（外泊を含む）
- 就寝時間が遅くなり，昼夜逆転の生活になる

(2)友人・家族との関係
- 友人と遊ぶ回数が減ったり，友人の話をしたがらなくなる
- 休日の外出が減る
- 友人の雰囲気が変わる（以前の交友関係とは異なる関係）
- 親，兄弟姉妹にあたる，あるいは無視する
- 自室にこもる（家族との交流の場にいないことが増える）
- 以前と比較して，部屋が乱雑になる
- 部屋に鍵を掛ける（自分の部屋に家族・他人を入れない）
- 親の近くにいつもいるなど，甘えの行動が見られる
- 家族に嘘をつくようになる

(3)態度・行動
- あいさつ・返事をしなくなる
- 悪口やネガティブな発言が増える
- 口数が減る・元気がなくなる・笑顔が減る
- （親に）やたらとしゃべるようになる（甘える）
- ゲーム・携帯電話・インターネットを使用している時間が長い
- どこにでも携帯電話を持ち込む，携帯電話を頻繁にチェックする
- 趣味に興味がなくなる，または没頭する
- 特定のサイトにアクセスする回数が増える
- 服装・髪型などが変わる（校則違反）
- 服装・髪型などにこだわる（時間がかかる）
- 身だしなみがだらしなくなる
- 独り言が多くなる
- 怒りっぽくなる（細かいことで怒る）
- 言葉遣いが荒くなる・物にあたる・壊す
- ため息が増えたり，「しんどい」「めんどくさい」と言うことが増える

33

第Ⅰ部 基礎編

(4)金銭・持ち物
- 金遣いが荒くなる（小遣いをせがむ・金の減りがはやい・財布から盗む）
- 知らない持ち物が増える
- 服を汚して帰ってくる
- 持ち物を頻繁になくす，あるいは，破損している

(5)その他
- 怪我をよくする（あざなど身体に傷が増える）
- 学校に関して尋ねても回答が曖昧（学校の話をしたがらない）
- 学校から配布されたプリントなどを渡さない
- 学校からの指導・注意が増えた
- 成績が低下した
- 喫煙・飲酒など
- 自傷行為の可能性がある行動がみられるようになる
- 何もないのに笑い出す・泣き出すなど情緒が不安定
- 親が学校とかかわること（連絡・行事への参加など）を嫌がる

第5章

自己理解を深める

ねらい

◆ 相談場面における自己理解の重要性について理解する。

◆ 自己理解を深めるための視点について学ぶ。

■ 自分自身について知る：自己理解と他者の視点

　子どもたちとの日常のかかわりにおいて，私たちは無意識のうちに自分自身の価値観や
ときには解決せずに抱えたままの心理的な問題（いじめの経験や親子関係の課題など）を反
映した言葉かけや指導を行っていることがあります。

　たとえば，いじめの経験（いじめた／いじめられた）がある教員，不登校の経験のある
教員は，子どもたちとの相談場面や指導場面において偏りのない視点から対応ができてい
るでしょうか？　あるいは，そうした経験がない場合はどうでしょうか？

　学校時代にクラスメートをいじめた経験のある教員は，無意識のうちにいじめる側の論
理を受け入れていないでしょうか？　あるいは，反対に過去の罪悪感からいじめに加担し
た子どもたちに対して過度に厳しく接していないでしょうか？　また，いじめられたこと
があるけれど自分で乗り越えたという経験のある教員は，無意識にいじめられている側の
子どもに「もっと強くなれ」というメッセージを送っていないでしょうか？

　では，そうした経験がない場合はどうでしょうか。この場合，中立的な立場から接する
ことができるように思えますが，不登校の経験のない教員がその背景を深く理解しようと
せず，「不登校になるのは，その子どもの気持ちの問題だ」と考えていたとしたらどうで
しょう。いじめ，不登校，非行，親子関係など，さまざまな課題に関して，自分自身はど
のように考えているのかを知るとともに，なぜ，そのように考えているのかを立ち止まっ
て考えてみることが大切です。また，教員の自己理解が深まると，それに伴って，子ども
の目線に立ち，子どもたちの内面について深く知ることができるようになります。

　ところで，みなさんは，どのくらい自分自身のことを知っているでしょうか？　自分自
身のことは自分が一番よくわかっていると思うかもしれませんが，意外と自分の知らない
自分がいるかもしれません。図5-1の**盲点の窓**の部分です。このような他者視点からの
評価を知ることは自己理解を深めるために重要です。自分が気づいていない短所を知れば
成長につながりますし，長所を知れば自信につながります。また，相談場面でのやりとり

35

第Ⅰ部　基礎編

		自分は	
		知っている	知らない
他人は	知っている	**開放の窓** 自分が考えている姿と，他人に見えている姿が一致している状態。	**盲点の窓** 他人にはわかっているが，自分にはわかっていない姿。 　この領域を狭めるためには，自分を知る人たち（友人や家族など）の協力が必要。いろいろな人から見た自分を知ることで成長につながる。
	知らない	**秘密の窓** 自分にはわかっているが，他人には見せない姿。 　ここの領域が大きいと，他人とのコミュニケーションが不自然になりがち。	**未知の窓** 自分にも他人にもわかっていない姿。 　未知の可能性を秘めた部分であり，人間が成長する上での源泉ともなりうる重要なもの。

図5-1　ジョハリの窓

（注）　アメリカのジョセフ・ルフト（Joseph Luft）とハリー・インガム（Harry Ingham）という心理学者が共同でつくったもので，ふたりの名前をとって The Johari Window と呼ばれる。もともとは，自己分析を通して人間同士がコミュニケーションを円滑に進めるために考案された方法。

を他の教員とともに振り返るなどの作業において，自分自身では気づかない意見の偏りなどにあらためて気づくかもしれません。いずれにしても，自己理解は独りでは難しく，自分をよく知る他者の視点が必要となります。機会があれば，心理検査などの利用も有効です。

2　自己理解を深めるために

　自己理解を深めるためには，自分自身の考え方やものの見方の特徴，また，人とのかかわり方の特徴について理解することが大切です。ここでは，（1）認知の偏り，（2）防衛機制，（3）エゴグラムの3つから考えてみましょう。これらは，自分自身の特徴について知る際に役立つとともに教育相談場面において子どもや保護者の言動の背景を知る上でも参考になります。

（1）認知の偏り

　認知とは，目の前の出来事についてどのように受け取るかというものの見方のことです。コップ半分の水を前にして，「まだ，半分もある」と思うか，「もう，半分しかない」と思うかは人それぞれです。このとき，客観的な事実（コップ半分の水）は変わりません。ですが，「まだ」と思うか「もう」と思うかで，気分は

第5章　自己理解を深める

表5-1　認知の偏りの例

①感情的きめつけ
　証拠もないのにネガティブな結論を引き出しやすいこと。
　　例：他の先生のところには質問にいくが，自分のところにはこない
　　　　→「嫌われている」と思いこむ
　　　（事実は，わかりやすい授業をしているので質問がないのかもしれない）

②すべき思考
　物事に取り組むとき必ず『〜すべき』『〜しなければならない』と思い，自分の決めたルールを破ってしまった場合，自分はダメな人間などの強い無力感を感じること。
　　例：すべての子どもたちに平等に接しなければならない
　　　　（実際は，その時々の状況でかかわり方に濃淡ができる。「できるだけ〜〜でありたい」と考える方が現実的）

③過度の一般化
　わずかな出来事から広範囲のことを結論づけてしまうこと。
　　例：一つうまくいかない出来事があると「自分は教員の仕事に向いてない」と考える。

④拡大解釈と過小評価
　自分がしてしまった失敗などの悪いことは大きく，反対によくできていることは小さく考えること。
　　例：配布したプリントの些細なミスについて，「この程度のこともちゃんとできないなんて……」と憂うつな気分になる。しかし，授業についての他の教員から評価は高い。この評価に対しては，「誰でもこの程度はできる」「他の先生はもっとよい授業をする」と感じ，評価を受け入れられない。

⑤全か無かの思考（完璧主義）
　非現実的な完璧さを求めること。
　　例：授業の進行で1箇所でもうまくいかないことがあるとその授業全体が失敗だったと思う。

⑥自分で実現してしまう予言
　否定的な予測をして行動を制限し，その結果失敗し，否定的な予測をますます信じ込むという悪循環のこと
　　例：「生徒はきっと私の話を聞いてくれないだろう」と思い，自信なく話すためますます生徒は話を聞かなくなる。

変わります。偏った認知は教員のストレスを高め，子どもや保護者との対応において自信を失わせ，結果として不適切な対応になる可能性を高めます（表5-1）。

（2）防衛機制

　防衛機制とは心身の緊張や不安・悩みなどをやわらげ，心の安定を保とうとする働きのことです。防衛機制によって一時的には心の安定は保たれますが，根本的な問題が解決されないままの状態が続くと次第に不安定になり，子どもや保護者と接する際の教員の言動に影響を与えます。そのため，相談後，自分の発言を振り返っておくことが大切です。また，防衛機制について理解することは，相談場面における子どもや保護者の言動をより深く理解することにも繋がります（表5-2）。

37

第Ⅰ部　基礎編

表5-2　防衛機制の例

①合理化
　うまくいかない（葛藤のある状況）を正当化するために理由づけすること。
　例：授業がうまくいかないとき，子どもたちのやる気が問題なのだ，あるいは，家庭が協力的でないのが問題なのだとして，自分の授業の準備が十分でないことや説明の仕方の問題などを無視する。
　自分が受け入れたくない現実（自分の準備不足や能力不足）を受け入れられる形にかえて納得しようとする。精神的に余裕のないときには，誰にでも見られる行動だが，無意識では自分の課題に気づいている場合が多く，自己嫌悪の感情を抑圧している（葛藤状態）ことも少なくない。

②抑圧
　不安や罪悪感を呼び起こすような経験・感情などを無意識のうちに抑えてしまうこと。
　例：苦手な保護者がいるが，その理由が自分でもよくわからない。しかし，その保護者は，過去に自分に対して批判的な言動をした保護者と雰囲気が似ている。
　子どものいじめにおいて，教員が尋ねても「いじめられていない」と言うケースでは，この抑圧が使われていることがある。いじめられていることを認めたくないという無意識の思いが，「"友達"とふざけているだけ」などの表現となる（本人の意識においては，この発言は正しい）。

③反動形成
　抑圧された感情のかわりとして正反対の態度や行動が表出される。
　例：抑圧した嫌悪感を否定するケース：無意識下で苦手な保護者に対して，とても好意的な態度（ひどく丁寧な態度で接したり，無理な要求でも受け入れる）をとる。
　　　抑圧した好意を否定するケース：好意をもっている先生に対して，素っ気ない態度をとる。

④同一視
　他人の一部または全部を自己と同一視し，同化しようとすること。
　例：自分が理想とする教員の言動をまねる（性格や能力の違いを無視すると不自然になる）。また，自分と子どもを同一視し，自分が進学できなかった学校に進学させることで，自分の劣等感を解消しようとする保護者の例などがこれにあたる。

⑤投影
　自分の弱点を他人の中に見出すこと。また，自分の責任を他に転嫁すること。
　例：同僚にとても自己中心的な人がいるから仕事が大変だと感じているが，実は，自分の主張が相手に通らないだけで，自己中心的な言動は自分の側である。

⑥逃避
　葛藤を引き起こすような状況から逃げ出すことで，不安や緊張を和らげようとする。
　例：苦手な保護者との会話をできるだけ避けようとする。

（3）エゴグラム

　エゴグラムは，エリック・バーン（Eric Berne）の交流分析をもとに弟子のジョン・M・デュセイ（John M. Dusay）が考案した性格診断法です。エゴグラムでは，自我状態を5つの要素に分け，そのバランスから性格や人とのかかわり方の特徴を知ることができます。なお，性格や人とのかかわり方は変化します。したがって，今の自分を知ることは，未来の自分を決めることでもあります。

(1)エゴグラムにおける5つの自我状態（図5-2）

　①「親」（Parent：P）の自我状態

　両親などから取り入れた自我状態で，人は親（P）の状態にいると，自分の両親などが

38

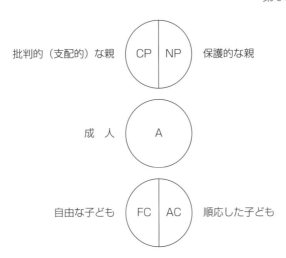

図5-2　エゴグラムにおける5つの自我状態

用いた，あるいは現在用いているのと同じような言葉遣い，考え方，行動をします。Pには「批判的（支配的）な親」（Critical Parent：CP）と，「保護的な親」（Nurturing Parent：NP）の2つの面があります。

　CP：理想，良心，責任，批判などの価値判断や倫理観など厳しい親の心。目標が高く，自分に厳しく，責任感が強く，リーダーシップを発揮する頼りになる存在です。反面，過度になると自分の価値観を正しいものとして「〜〜しなければならない」「〜〜すべきだ」と他人を批判したり，自分の価値観を相手に押しつけるなどの面もあります。
　NP：共感，思いやり，保護，受容などの子どもの成長を促進するような優しい親の心。他者をいたわり，親切で寛容な態度や行動を示します。また，他者を受容し，共感的理解を示します。反面，過度になると親切の押し売りや過保護，おせっかいとなり，他者の自立性や自主性を抑制してしまうことがあります。
　②「成人」（Adult：A）の自我状態
　合理的・論理的な大人の心。現実を客観的に，論理的に理解し，判断しようとします。PやCの偏見，感情がコントロールされて，ものごとを冷静に捉えることができます。反面，過度になると，打算的で冷たく，ユーモアに欠けるといった印象を与えやすくなります。
　③「子ども」（Child：C）の自我状態
　子どもの頃に実際に感じたり，行動したりした自我状態。もって生まれたままの姿であり，本能的な欲求や感情などの生命の原点ともいえます。「自由な子ども」（Free Child：FC）と「順応した子ども」（Adapted Child：AC）に分けられます。
　FC：親の影響（しつけ）を受けていない部分で，本能的，自己中心的で，好奇心，直

第Ⅰ部　基礎編

表5-3　5つの自我状態の高低

		CP	NP	A	FC	AC
高得点の場合	マイナス面	権威的・支配的。排他的。頑固。自分の価値観を押しつける。	過保護，過干渉。先回りして他人の自主性を損ない，甘やかす。心配性で自らに負担をかけやすい。	考え方が機械的。人間味に乏しい。冷徹で打算的な面がある。	自己中心的。わがまま。感情的で気の短さが表に出たときは周囲を巻き込む。	遠慮がち。我慢してしまう。自主性に乏しく依存心が強い。感情を抑えこんでしまう。
	プラス面	責任感が強い。理想を追求し，良心に従う。ルールを守る。義務感強い。	相手に共感，同情する。世話好き。弱いものをかばう。サポート精神が豊か。	理性的で論理的。沈着冷静。事実に基づき客観的に判断する。	天真爛漫。好奇心が強い。直感的で創造性が高い。良い活発さで職場などのムードを作れる。	協調性，妥協性が高い。バランス感覚にたけ，慎重である。優等生的ないい子と見られる。
低得点の場合	プラス面	おっとりしている。融通がきく。こだわらない。のんびりしている。	さっぱりして淡白である。感情的にならない。	詩情豊かである。純朴である。お人よし。屈託がない。	おとなしい。妥協性がある。素直ないい子である。慎重である。	健康的である。あけっぴろげで快活である。積極的で自発性が高い。
	マイナス面	ルーズでいい加減。義務感，責任感に欠ける。何事にも適当である。	暖かみがない。人に共感しない。思いやりに欠ける。人付き合いが乏しい。	計画性がない。混乱しやすい。主観に頼る。一貫性がない。	元気が足りない。素直に自己表現ができない。意欲がなく，暗い印象を与える。物事を楽しめない。	協調性に欠ける。自己中心的。妥協しない。人の意見を聞かない。

（出所）東京大学医学部診療内科 TEG 研究会編（2002，2006）を参考に作成

感，創造力と関連があります。自然の感情をそのまま表し，豊かな表現力は周囲に温かさと明るさを与えます。反面，過度になると，自己中心的で他者に対する配慮が欠けることにもなります。

　AC：FC の本能的な部分に対して，親の教育やしつけの影響を受けており，周囲に適応していく従順な態度を表します。周囲に気がねをし，自分の本当の気持ちや自由な感情を抑え，なかなか自分を表現できません。主体性に欠けますが，協調性，忍耐強さなどの点ではプラスといえます。過度になると欲求不満が生じ，劣等感をもちやすく，不満が高じるとすねるような屈折した甘えを示したり，ときには攻撃的な行動にでることもあります。

(2)エゴグラムに基づく自己理解の促進

　エゴグラムの要素である5つの自我状態は，長所にも短所にもなります（表5-3）。また，これらの5つの自我状態の高低（バランス）を知ることで，自分が他者と交流する際の特徴を客観的に知ることができます。心理検査の一つとしてよく利用されており，子どもたちの自己理解を促す際にも有効です。

第 5 章　自己理解を深める

引用・参考文献

慶應義塾大学認知行動療法研究会（2009）うつ病の認知療法・認知行動療法（http://www.
　　mhlw.go.jp/bunya/shougaihoken/kokoro/dl/04.pdf）

東京大学医学部診療内科 TEG 研究会編（2002）新版 TEG 活用事例集　金子書房

東京大学医学部診療内科 TEG 研究会編（2006）新版 TEG Ⅱ 解説とエゴグラムパターン　金子
　　書房

第Ⅰ部　基礎編

自己理解についての振り返り

自己理解の必要性についてまとめましょう

自分の中にある認知の偏りについて考えてみましょう

自分がとりやすい防衛機制について考えてみましょう

第Ⅱ部

実践・事例編

ロールプレイの進め方

1. ロールプレイの目的

　ロールプレイとは，教育方法の一つで，役割演技法とも呼ばれます。実際の場面に即した事例を設定し，異なる立場の役割を演じる擬似体験を通して以下の5点について学びます。

（1）自分とは異なった個性や考え方をもつ生徒について理解を深める
（2）相手の考えや感情の動きを捉えることのむずかしさを理解する
（3）傾聴と共感の重要性を理解する
（4）適切な質問の重要性を理解する
（5）やりとりを通して状況が変化することを体験的に理解する

2. ロールプレイの方法

（1）役割について
　第6章以降のロールプレイでは，教員役，生徒役以外に「観察者役」を設けます。観察者役は，客観的な記録者です。それぞれの役割を演じていると自分の表情や言葉の強弱，あるいは，姿勢などについて客観的に振り返ることが難しかったり，後で，思い出そうと思っても曖昧になったりします。また，自分の話し方のクセなどは自分では気づきにくいものです。観察者役は，教員役と生徒役のやりとりを観察しながら，気づいた点をメモに残します。相互の関係性に注目しながら，教員役，生徒役がそれぞれ相手のどのような言葉に反応したのか，また，教員役・生徒役のその時々の表情などについても注意深く観察します。なお，実際の教育相談の場面では，教員は相談に集中しながらも客観的な視点（観察者の役割）をもつことが大切です。

　教員役，生徒役，観察者役は，全員がすべての役割を1度ずつ体験します（ただし，グループの人数によっては，観察者が2名になることもあります）。

（2）手順について
①ロールプレイをはじめる前に，事例について話し合い，事例に登場する人物の気持ちや背景について考えます。

②５分間のロールプレイ（観察者役は，適宜，振り返りシートの①〜⑥を記入します）。

③教員役　→　生徒役の順で感想を述べます。

④観察者役がフィードバックをします。

⑤振り返りシートのうち自分の担当した箇所に関する項目に記入します。

⑥全員で感想や意見を交換します（４名のグループでは，２名が観察者役となります。このとき，観察者役はそれぞれが，生徒役・教員役両方について観察します。会話の流れを大切にするため，担当する役割（教員役だけを見るなど）を決めないこと。

＊＊＊＊＊＊＊＊②〜⑥を繰り返す＊＊＊＊＊＊＊＊

（グループのメンバーがすべての役割を体験した後）

⑦全体を振り返って感想などを話し合います。また，全体の感想について記入します。

３．ロールプレイを演じる際の留意点

（１）生徒役は，話し合いの結果を踏まえ，“○○さんなら”どのように答えるかを想像しながら演じます（自分だったらではなく，○○さんとして会話する）。

（２）教員役は，第３章で学んだ傾聴と共感，質問のスキルなどを意識しながら生徒役の話を聴きます。

（３）観察者役は，話している内容だけでなく，生徒役・教員役の視線の動き，間のとり方，表情，声の変化なども意識して記録に残します。

第Ⅱ部　実践・事例編

ロールプレイ・振り返りシート

Q1. それぞれの役割で体験した内容を振り返り，工夫した点やロールプレイ中の気持ちなどについてまとめてください。

■**教員役として**

①話し合いの中で，どのような点を工夫したか（展開や質問内容を含む）。

②生徒役との話し合いを通して感じたこと・考えたこと。

■**生徒役として**

①生徒を演じるにあたり，どのような点を意識したか（どのような点が難しかったかなどを含む）。

②教員役との話し合いを通して感じたこと・考えたこと。

ロールプレイの進め方

■観察者役として
　→①〜⑥については，話し合いの中で気づいた点をメモします。

①アイコンタクト

②姿勢

③表情

④声の調子

⑤話し合いの中で鍵となる会話や態度

⑥生徒役・教員役の様子について

⑦観察者として感じたこと・考えたこと。

Q2. ロールプレイ全体を通して，感じたことや気づいたこと，あるいは印象に残ったこと
　　を自由に書いてください。

47

第6章

不登校の児童・生徒への対応（1）
——不登校に関する基礎知識——

ねらい ―――――――――――――――――――――――――――――――
◈ 不登校に関する基本的な知識を身につける。
◈ 子どもたちが不登校に至る背景について，具体的な事例をもとに学ぶ。

1 不登校についての理解

　みなさんは，「不登校」という言葉を聞いて，どのようなイメージをもちますか。

　みなさんが小学校，中学校や高等学校に在籍していたときのクラスにも「不登校」といわれる子どもたちがいたかもしれませんね。長い間，顔を見ていない友達や，いつも座る人のいない机が教室にあって，「今日も○○さんはお休みなんだな」と思った経験があるかもしれません。しかし，長い間，欠席しているすべての子どもが「不登校」とよばれるわけではないのです。

　また，「不登校」はけっして特別な子どもたちだけに生じるのではなく，学校に在籍するすべての子どもに生じる可能性のある状況なのです。そして，小学校では不登校でも中学校になったら登校できるようになる子どもや，反対に，小学校では毎日学校に通っていた子どもが中学校や高校入学後に不登校になったりもします。さらに，高校まで不登校だった子どもが大学に入ると毎日登校するようになることもあります。つまり，不登校とは，一つの「状況」であって，その個人が抱える個人的な理由や特性に関連する事柄のみが原因になるものではなく，個人とその個人が置かれている環境や関係性が絡み合って生じるものと考えることもできます。その一つの例として由香さんの話を紹介します。

事例：自分の居場所をみつけた

　私は小学校の半ばくらいから学校に行かなくなりました。はっきりとした理由はなく，インフルエンザで長く休んだことがきっかけで，「もう行かなくてもいいか」と思ってしまったからなんです。それに，学校に行かなくても，それほど困ることはありませんでした。私は人と一緒に何かをやるっていうのが苦手で，遠足や運動会なんていう行事もとっても苦手だったので，学校に行かないことで参加しなくてよくなったのが助かりました。そんなだから，いじめとかはなかったですけど，私はもともと教室で孤立してたように思うし，学校に

49

第Ⅱ部　実践・事例編

行かなくなったからといって，その状態が大きく変わったという実感もありませんでした。でも，いつまでもこの状態ではなぁと思うようになって，高等学校卒業程度認定試験（コラム参照）に合格して大学に行きました。

　大学は，私には合っていました。自分の好きな科目を履修してたら卒業できる。一番助かるのは，クラスで動かなくてもよいってこと。大学に来てはじめて学校に行くことを苦痛とは思わなくなりました。

　由香さんは，何か特別な理由があったというよりもむしろ，集団の中で過ごすことが苦手だったため，不登校を選択したようです。たしかに，大学は高等学校までの学校システムとは異なり，一つの決められた「集団」で動くことはあまりありません。珍しい事例かもしれませんが，由香さんのように学校システムが変化することによって学校に戻ってくる子どももいるのです。

② 不登校の定義と実態

　学校を長期欠席する子どもたちはかつて，「学校恐怖症」や「登校拒否」とよばれることもありましたが，これらの言葉は，実態にそぐわない事例も多く，今は学校に行かない，行けない状態を，「不登校」という言葉で統一しています。

　文部科学省の定義によると，「不登校」とは，「何らかの心理的，情緒的，身体的あるいは社会的要因・背景により，登校しないあるいはしたくともできない状況にあるため，年間30日以上欠席したもののうち，病気や経済的な理由によるものを除いたもの」と考えられています（図6-1の注を参照）。したがって，ここでは文部科学省の定義にあてはまる子どもたちを不登校と考えます。

　たとえば，年間30日以上欠席していても，その子どもが何らかの医学的治療を継続的に受けるため入退院を繰り返さなければならない場合であれば，その子どもは「不登校」とは見なされないのです。つまり，「学校を欠席する」という同じ「状況」を示していたとしても，学校に毎日通うことができない病気を抱えていたり，親の経済的な理由により，長期欠席を余儀なくされている子どもたちは不登校とは見なされないということです。また，登校しないあるいは登校できないといった状況を引き起こしている子どもたちの背景はさまざまです。この章では，不登校の子どもたちの背景について理解し，適切な対応を探っていきたいと思います。

　図6-1は，文部科学省の発表による不登校の数の推移と学年別の不登校児童生徒数についての資料です。

第6章　不登校の児童・生徒への対応（1）

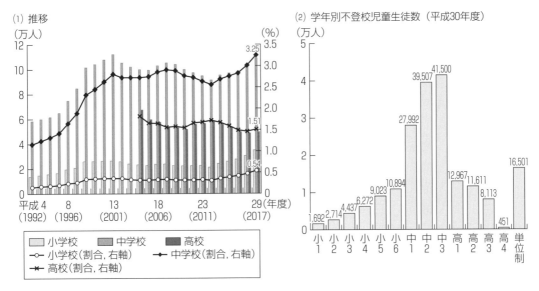

図6-1　不登校児の状況

(注)　1　ここでいう不登校児童生徒とは，年度間に連続又は断続して30日以上欠席した児童生徒のうち不登校を理由とする者。不登校とは，何らかの心理的，情緒的，身体的，あるいは社会的要因・背景により，子供が登校しないあるいはしたくともできない状況にあること（ただし，病気や経済的理由によるものを除く）をいう。
　　　2　調査対象は，国公私立の小学校・中学校・高等学校（小学校には義務教育学校前期課程，中学校には義務教育学校後期課程及び中等教育学校前期課程，高等学校には中等教育学校後期課程を含む）。高等学校は平成16年度から調査。
(出所)　文部科学省（2018）平成29年度「児童生徒の問題行動・不登校等生徒指導上の諸課題に関する調査」（http://www.mext.go.jp/b_menu/houdou/30/10/1410392.htm）（図(1)は内閣府（2019）「令和元年版子供・若者白書」においてグラフ化されたものを転載。https://www8.cao.go.jp/youth/whitepaper/r01honpen/pdf_index.html）

　これらの図からもわかるように，不登校はいまだ学校教育の中で大きな問題となっています。また，学年別にみると，とくに，中学1年生の不登校数が小学校時代と比較して著しく増加していることがわかります。背景には「中1ギャップ」（コラム参照）と呼ばれる環境の変化などが挙げられます。そのため，教員は彼らへの理解と対応を求められています。では，子どもたちはなぜ長期的に学校に行かないあるいは行けない状況になるのでしょうか。ここでは事例を紹介しながら，不登校のタイプと対応について学びます。

3　不登校のタイプと対応

　文部科学省の資料にもとづく不登校のタイプについて，事例を読みながら具体的に理解していきましょう。

第Ⅱ部　実践・事例編

（1）「学校生活上の課題」に起因するタイプ

　いじめやいやがらせをする子どもの存在や，教職員との人間関係あるいは学業不振など，理由が明確にわかる学校生活上の課題から登校しない（できない）。

ひろしくん（中学1年生男子）の場合

　ひろしくんは，学校で習った内容がよくわからないまま授業を受けていました。ひろしくんはおとなしい性格だったので，わからないところを友達や教員にも聞くことができないまま，ついに，授業についていくことができなくなったのです。とくに，数学がよくわかりません。数学の先生は「わからんところがあったらいつでも来いよ」と言ってくれますが，どこがわからないのかもわからなくなってきたし，数学の先生はとても怖く，顔を会わせたくないので学校に行けなくなってしましました。

　［考えられる対応］　ひろしくんの場合は数学がわからなくなったことで学校に行くことが苦痛になりました。そのため，どの教科のどの分野がわからないのかについてひろしくんと話をして，個別に学習指導をするなどひろしくん自身が学習に対する意欲がもてるように対応することが必要です。また，数学の教員との関係についても，信頼関係を回復させ，ひろしくんがわからないところを気軽に教員に質問でき，学習に集中できるような対応と雰囲気づくりも大切です。

（2）遊び・非行のタイプ

　遊ぶためや非行グループに入ったりして登校しない。

あきこさん（中学2年生女子）の場合

　あきこさんは，中学校に入学して以来，他の地域の不登校の子どもたちとグループを組み，髪の毛を染めたり，母親が夜勤の日には夜中に街を徘徊したりしています。学校に行くよりも，グループで行動している方が楽しいのです。学校は別に嫌いではないのですが，夜中に行動しているため，朝早くに起きることが難しいし，グループのみんなが学校に行っていないので，自分だけが行くこともないと思っています。

　［考えられる対応］　あきこさんの場合は，あきこさんの行動の背景を聴きとり，理解と共感を示しながらも，中学生が夜中に出歩くことは危険であること，学校で学ぶことは大切であることなどについて話をします。また，あきこさんの行動によっては関係機関（警察，少年センター，子ども相談センターなど）と連携して指導することも必要になるでしょう。教員はつねにあきこさんに関心をもっていることを示し，あきこさんの話を聴き，声かけや家庭訪問なども続け，あきこさんの学校での居場所づくりや，自信がもてるような活動を提供することも重要です。

第6章　不登校の児童・生徒への対応（1）

（3）無気力タイプ

　無気力でなんとなく登校しない。登校しないことへの罪悪感が少なく，迎えに行ったり強く催促したりすると登校するが，長続きしない。

> ### たけしくん（中学1年生男子）の場合
>
> 　たけしくんは，学校がとりたてて楽しいとも思いませんが，特別に嫌な理由もないので，気が向いたら登校しています。朝起きたときの気分で学校に行くか，行かないかを決めているのです。学校で何かを学ぶという意識は高くありません。どちらかといえば，家でゆっくりしている方が楽だと思っています。いちいち制服に着替えるのが面倒です。学校に行かない理由はとくにないのですが，あえていえば，「めんどくさい」という気持ちが大きいのです。

[考えられる対応]　たけしくんにははっきりとした問題やトラブルがないため，不登校が長期化する可能性があります。たけしくんが学校生活の中で楽しみや，意味のある体験を積み重ねることができるよう，積極的に励ましかかわっていく姿勢が大切です。

（4）不安など情緒的混乱のタイプ

　登校の意思はあるが身体の不調を訴え登校できない，漠然とした不安を訴え登校しない等，不安を中心とした情緒的な混乱によって登校しない（できない）。

> ### さくらさん（中学3年生女子）の場合
>
> 　さくらさんは朝になると気分が重たく，学校に行かなくてはならないと思いますが，体が動いてくれません。受験を控えて，クラスのみんなは頑張っているのだろうと思うと，部屋で横になっていても，なかなか気持ちが休まることはありません。優等生だった自分はいままで必死で勉強してきたのに学校に行けなくなってしまい，勉強が遅れてしまうと不安になります。「今日はおなかが痛い」「頭が痛い」というと，「休んでもいいよ」と母親は簡単に許してくれます。頼りにしていた父親が単身赴任になり不安になっています。ずるずると休んでいるうちに学校での居場所がなくなったような気になり行けなくなってしまいました。

[考えられる対応]　さくらさんは，今まで必死に頑張ってきました。しかし，受験に対するプレッシャーから体調を崩すようになりました。日頃からさくらさんのよき相談者であった父親が単身赴任になってしまい，家庭環境の急激な変化に不安を感じたことも重なりました。母親もさくらさんの様子に不安をもちながらも，どうしてよいのかわからなくなっています。そのため，さくらさんに対しては自分のペースで進んでよいことをわかってもらい，保護者に対しては抱えている悩みを教員と共有することによって今後の子どもへの対応を考える援助をします。またさくらさんの場合は，登校しないことに葛藤を覚えているので登校刺激をかけるときにはさくらさんの様子を観察しながら，注意深く行うこと

第Ⅱ部　実践・事例編

が大事です。

（5）意図的な拒否のタイプ

本人が学校に行く意義を認めず，意図的に登校しないタイプ。

> **あきらくん（中学1年生男子）の場合**
>
> 　あきらくんは将来，画家になりたいと思っています。学校に行く時間があれば家で絵を描いていたいと思っています。学校にも美術の時間はありますが，それでは物足りません。自分で，美術の歴史や描画の方法などを勉強したほうが将来のためになると考えています。美術以外の教科を勉強することは自分の将来にとってはそれほど重要だとは考えていないため，学校に行く意味が見いだせないでいるのです。

［考えられる対応］　あきらくんの場合は，将来，画家になりたいという明確な希望があります。そして，その希望のためには学校の勉強は必要ではないと考えています。あきらくんに対しては，学校に通う意味は，勉強だけではないこと，友人関係を築くこともあきらくんの人格を形成する上で大事なことだと理解してもらいます。また，保護者にも，学校教育の重要性について理解してもらい，家庭と連携しながら，あきらくんが登校するように援助します。

（6）複合タイプ

不登校の背景の要因が複雑に絡み合ったタイプであるため，不登校の子どもの状況を的確に把握した上で，子どもに合わせた対応を柔軟にとるようにします。

（7）不登校対応のポイント：柔軟性と個別性

不登校のタイプと考えられる対応について説明しましたが，「不登校」はけっして一つのタイプに閉じられるものではありません。そのため，子どもの状態に応じて，柔軟に対応することが大切です。また，「不登校」の背景は複雑で個別的です。前にAさんの事例でうまくいったから，今回のBさんにも同じように対応すれば大丈夫と思い込んで対応してもうまくいきません。目の前にいる子どもを理解し，その子どもに応じた対応を工夫する必要があります。

４　不登校に至る「きっかけ」

文部科学省の平成26年度「児童生徒の問題行動等生徒指導上の諸問題に関する調査」によると不登校のきっかけと考えられる状況は，「不安など情緒的混乱」，「無気力」が小・中・高を通して高い傾向にあります。

第6章　不登校の児童・生徒への対応（1）

みなさんは具体的にどういった出来事がきっかけとなって不登校にむすびつくと考えますか？「先生と対立してしまった」など，具体的な内容を想像して考えてみてください。

子どもたちはほんの小さな出来事でも学校に行けなくなることがあります。教員からみれば「どうしてそんなことで」と思うこともあります。しかし，子どもが生きている世界からみれば，理解できることも少なくありません。子どもたち一人ひとりに関心をもち，子どもが生きている世界をしっかりと理解することが重要です。

5　不登校に寄り添う基本的な姿勢

（1）子どもの思いを聴く

　子どもは不登校の原因を言語化して語ることがなかなかできません。なぜ自分が学校に行けないのか，を言葉に出して語ることができれば解決の糸口がみえてくることがあります。「お腹が痛い」，「だるい」，「なんとなく学校に行く気がしない」と訴える子どもの内側に，「無視されている」，「勉強がわからない」，「漠然とした不安がある」などの思いが隠れていることがあります。不登校の背景（子どもが意識できている，できていないにかかわらず）をいちばんよく知っているのは子どもです。私たちは外側から想像することしかできません。子どもに寄り添いながら，子どもが生きている世界を聴きとることが大切です。

（2）子どもの力を信じる

　子どもが不登校になると，多くの教員や保護者は「一日でも早く学校に行かせたい」と思います。しかし，登校する力が育っていないときに，子どもを無理やり学校に行かせようとすると，不登校が長期化することがあります。子どもは発達の途上にあるため，教員や保護者からみれば，未熟でつねに助けを必要とする弱い存在のように感じます。そのため，自分たちの経験や理論的な枠組みの中から，自分たちが子どもにとっていちばんよいと思う方法を選び，登校するように働きかけようとします。しかし，子どもには「育つ力」があります。子どもが自分の力で考え，行動する力を信じることが大事です。教員は適切なアドバイスや情報を提供しながらも，子どもの力を信じ，子どもを理解し，子どもの育ちを傍らから支える存在でありたいものです。

第Ⅱ部　実践・事例編

コラム　不登校にかかわるキーワード

（1）高等学校卒業程度認定試験

　高等学校卒業程度認定試験は，さまざまな理由で，高等学校を卒業できなかった者等の学習成果を適切に評価し，高等学校を卒業した者と同等以上の学力があるかどうかを認定するための試験です。合格者は大学・短大・専門学校の受験資格が与えられます。また，高等学校卒業者と同等以上の学力がある者として認定され，就職，資格試験等に活用することができます。

　（大学入学資格検定（大検）は，平成17年度より高等学校卒業程度認定試験に変わりました。）

（2）中1ギャップ

　児童が，小学校から中学校への進学において，新しい環境での学習や生活へうまく適応できず，不登校等の問題行動につながっていく事態。

　（平成24年4月23日中央教育審議会初等中等教育分科会　学校段階間の連携・接続等に関する作業部会より）

（3）登校刺激

　不登校児に対して，言語的あるいは非言語的に「登校」を促す働きかけのこと。言語的な働きかけには，「学校に来いよ」「学校にはいつから行くの」といった直接的な刺激に加えて，「体育大会ではみんながあなたの活躍を待っているよ」「そろそろ修学旅行の季節になってきたね」など言葉の裏側に「登校」を促す意図が読み取れてしまう場合があります。また，毎日，お弁当を用意する，制服にアイロンをかけて居間においておくなど，言葉には出さないが，「学校」を連想させる行為も，登校刺激と考えられます。登校刺激をかける場合には，子どもの状態によって工夫することが重要です。不登校に対して，罪悪感や葛藤を抱えている子どもに登校刺激をかけた場合，子どもの状態がより不安定になり，不登校が長引くことがあります。

第7章
不登校の児童・生徒への対応（2）
——不登校対応へのポイント——

ねらい ─────────────────────────────

◆ 不登校に対する基本的な姿勢と対応について事例を通して学ぶ。

◆ 学校内外の連携について学ぶ。

─────────────────────────────

■ 不登校に対する基本的な姿勢と対応について

　子どもが学校を遅刻する回数が増えたり，休みがちになっていると気づいたら，早期に対応します。遅刻や欠席が続く場合は，かならず家庭と連絡をとり，話し合いの内容を記録しておきます。また，家庭訪問などを通して，子どもや保護者から詳しい状態や状況を聴くことも必要です。この時期に，教員が具体的に解決できる問題であれば，すぐに対応します。

　不登校が長期化した子どもに対応するには，学級担任だけでは難しい場合が少なくありません。具体的な理由がないのに学校に来ることができない子どもの場合，その背景に，複雑な人間関係や家族関係での葛藤，子ども個人の特性によるものなどが隠れていることがあります。この場合，学級担任が一人で抱え込むのではなく，学校全体の問題として取り組み，保護者や関係諸機関と連携します。

　不登校に対応するときに気をつけておきたいポイントがいくつかありますが，それぞれの子どもの状態や学校の状況に応じて工夫することが大切です。

（1）子どものサインから学ぶ

　不登校になる前に，子どもたちはサインを出していることが多いため，そのサインに気づくことが大切です。「遅刻や欠席が増えていないか」，「決まった曜日に欠席していないか」，「保健室をよく利用していないか」，「クラスでの友人関係や授業態度に変化はないか」，「提出物はきちんと出しているか」など，子どもの様子について見逃さないようにします。また，「誰に」，「どこで」，「どのような」サインを出しているのかについても他の教職員やクラスの子どもたちから情報を収集し，整理しておきます。子どもが助けを求めやすい人や助けを求めている場所，子どもがストレスを感じたときに示しやすい行動特性などを理解する上で参考になります。

57

第Ⅱ部　実践・事例編

（2）子どもの意思を確認する

　教員や保護者は，子どもが不登校になると一刻も早く学校に戻そうと焦ることが多いものです。しかし，子どもが「学校に行きたいのか」，「行きたくないのか」について確認しておくことが大事です。子どもが「学校に行きたい」という意思をもっていれば，「なぜ，今は行けないのか」，「どうしたら行けるようになるのか」について一緒に考えます。また，「行きたくない」という意思をもっていれば，「なぜ，行きたくないのか」を丁寧に聴いていきます。子どもの思いを尊重し，子どもが自分の気持ちを整理することに長い時間がかかったとしても，途中で教員や保護者の「学校に行かせたい」という思いを押し付けないように気をつけることが大切です。

（3）子どもや保護者と学校との風通しをよくしておく

　家庭訪問や電話での連絡を通じて，不登校になった子どもや保護者の状態を把握し，教員がつねに子どもや保護者を気にかけていること，いつでも相談にのるということを伝えておくことが大切です。学校生活から離れて，家庭だけの生活になると，子どもも保護者も家庭という狭い空間の中で思いつめてしまいがちです。不登校は長期化するほど学校とのつながりが希薄になってきます。長期化した不登校の中で，子どもはもちろんですが保護者も大きな悩みを抱えることになります。「この子が不登校になったのは私の責任だ」と自分を責める保護者も珍しくありません。最近では，不登校やいじめに関する痛ましい事件がニュースで報道されることもあり，「我が子もそうなったらどうしよう」と不安を抱えている保護者もいます。子どもや保護者が「困ったときには学校にいつでも相談できる」と思ってくれるような関係づくりが重要です。

（4）学校内外の連携

　クラスに不登校の子どもがいる場合，学級担任の教員はまず自分一人で何とかしようと考えがちですが，生活している学校全体の場からみてはじめて不登校の背景が理解できる場合も少なくありません。そのため，子どもの不登校を学校全体の問題として捉え，支援しようとする姿勢が重要です。また，学級担任一人が問題を抱え込むことは，強いストレスを感じることにつながるので，かならず学校内外で連携して支援します。

　校内の連携は，一般的に，学級担任，生徒指導主事，教育相談担当，スクールカウンセラー，養護教諭などが中心となって行われます。管理職や学年主任が直接支援にかかわることは少ないでしょうが，かならず不登校に関する事実関係および経過の報告をし，必要に応じて助言をもらいます。校内だけで解決が難しい場合は学校外の関係諸機関と連携しながら支援します。

　校外における連携は，子どもや保護者の状態に応じて，各自治体の教育委員会，教育支援センター，医療機関，司法，福祉諸機関などの専門機関に協力を求めます。図7-1は，

58

第7章　不登校の児童・生徒への対応（２）

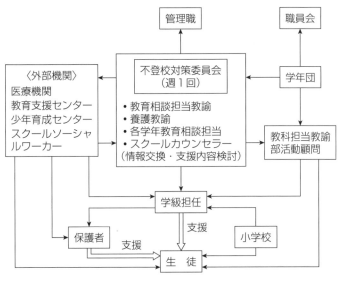

図7-1　支援体制組織図

（出所）　三木和代　不登校生徒への対応におけるチーム支援の有効性
（http://www.kec.kagawa-edu.jp/curriculum/houkoku/hiraku/
h21/2009c04.pdf）

支援対策組織図の例です。子どもの状況によって，これらの学校内外の組織と柔軟に連携をとることが求められます。

（5）学校以外の「居場所」についての情報を提供する

　学校に行かない，行けない子どものほとんどは自宅で過ごしています。しかし，欠席が長期にわたると親も子どもも「これからどうなるのだろうか」という不安や，「学校に行きたい，でも行けない。どうしたらよいのだろうか」といった焦りが出てきます。何らかの理由によって長期に欠席している子どもでも，他の場所であれば行きたいという思いをもち，実際に通える場合もあります。不登校が長期化したある子どもは不登校の原因が自分でもはっきりとはわからなかったけれども父親の転勤によって通うことになった新しい学校に馴染み，すんなりと登校できるようになったといいます。子どもが「学校には行きたい，勉強もしたい，でも，今の学校には通えない」という場合，子どもが通える場所を探すことも必要になってきます。

　子どもが今後，社会の中で生きていくためにも，家庭以外の場所で家族以外の人々と触れ合うことができる機会を提供することが望まれます。

　こうした「居場所」の例として，学籍のある学校とは別に市町村の公的な施設や教育センターなどの中に，「適応指導教室」があります。適応指導教室とは，長期的に学校を欠席している子どもを対象に，学習指導をしながら本籍校に復帰できるよう支援するとともに，定期的に退職した教員やカウンセラーが子どもの心のケアにあたります。また適応指

第Ⅱ部　実践・事例編

導教室への出席は，本籍校での出席に数えられるため，子どもや保護者の心理的な負担が軽減することもあります。

　他にも，フリースクールなど，学校以外で勉強できる場所は増えてきています。校区内の学校以外の選択肢があれば，子どもも保護者も精神的に楽になります。教員は，自分たちの市町村内で不登校の児童生徒が利用できる施設やセンターを把握しておき，欠席が長期間にわたる場合や，解決が難しい問題を抱えている場合は，これらの場所の利用を勧めることも検討します。しかし，この場合，あくまでも，「子どもの意思」を尊重することが重要です。まだまだ，休養が必要な子どもを無理に連れ出すことは避けなければなりません。「子どもが勉強したい」，「外に出たい」と言ったときに具体的に動けるように，学校以外の子どもの居場所について予め調べ，必要なときに保護者に情報を提供できるようにします。

❷　不登校についての事例検討：ロールプレイ

　子どもの「不登校」の原因は多様です。子ども個人の特性にその要因がある場合もありますが，**学校**，**家庭**，**地域社会**といった子どもが生きている生活世界から考えていかなければ，子どもが示す「不登校」を理解できないことがあります。

　次の事例を読んで，はなこさんが学校に行かない，行けなくなってしまった背景について考え，ロールプレイを通して理解を深めましょう。

　はなこさん（中学１年生女子）は，朝になると腹痛が起きて学校に行けません。家族は会社員の父親とパートをしている母，３歳年下の弟の４人です。また父方の祖父母と同居しています。

　父親も母親もはなこさんよりも弟を可愛がっているようにみえます。祖父母は口やかましいタイプです。はなこさんは早くから保育園に預けられました。小学校にあがってから友人はできましたが，生まれつき髪の毛の色が少し明るいため，クラスメートからそれをからかわれることがありました。成績は中の上で勉強は嫌いではありません。

　中学校に入って，１学期は問題なく登校していましたが，夏休みが明けてから，朝になると「おなかが痛い」といった身体症状のため登校できない日が続いています。母親ははなこさんの様子に心を痛めているようですが，弟の世話にかかりきりで何も言いません。祖父母は「母親が甘いからだ」と母親を責めます。父親は朝早くから会社に出かけ，夜中にならないと帰ってきません。休日も出勤しています。母親がはなこさんの担任に相談すると，「はなこさんからは何も聞いてはいませんけれど，はなこさんは真面目だから疲れたのかもしれませんね。中学１年生になったばっかりなので，今のうちにちょっとゆっくりさせてやったらどうですか。ゆっくり休めば登校できるようになりますよ」と楽観的な話ししかしません。

　はなこさんは学校に行かない日は一日中ベッドに横になっていますが，「今頃，みんなは何をしているんだろう」，「私のことがうわさになっていないだろうか」，「勉強が遅れてしま

第7章　不登校の児童・生徒への対応（2）

うのではないだろうか」と考えてしまい，心が落ち着かない時間を過ごしています。

ワーク　事例をとおして学ぼう

【課題1】
　はなこさんが学校に行かない，あるいは行けなくなってしまった背景（理由）について，あなたが考えたことを書いてください。

（1）はなこさん自身

（2）家族との関係

（3）学校・教員の対応

【課題2】
　それぞれの立場からロールプレイをしてみましょう。
　はなこさんの立場に立ち，気持ちに寄り添いながら，教員としての望ましい対応のあり方を考えてください（教員役，はなこさん役，観察者役それぞれを体験し「振り返りシート」に記入してください）。

61

第Ⅱ部　実践・事例編

ロールプレイ・振り返りシート

Q1. それぞれの役割で体験した内容を振り返り，工夫した点やロールプレイ中の気持ちなどについてまとめてください。

■**教員役として**
①話し合いの中で，どのような点を工夫したか（展開や質問内容を含む）。

②はなこさん役との話し合いを通して感じたこと・考えたこと。

■**生徒役として**
①はなこさんを演じるにあたり，どのような点を意識したか（どのような点が難しかったかなどを含む）。

②教員役との話し合いを通して感じたこと・考えたこと。

第7章　不登校の児童・生徒への対応（2）

■観察者役として
　　→①〜⑥については，話し合いの中で気づいた点をメモします。

①アイコンタクト

②姿勢

③表情

④声の調子

⑤話し合いの中で鍵となる会話や態度

⑥教員役・はなこさん役の様子について

⑦観察者役として感じたこと・考えたこと。

Q2. ロールプレイ全体を通して，感じたことや気づいたこと，あるいは印象に残ったこと
　　を自由に書いてください。

63

第8章
いじめに関する児童・生徒への対応（1）
―― いじめに関する基礎知識 ――

ねらい
◆ いじめに関する基本的な知識を身につける。
◆ いじめ対応の基本的流れについて理解する。

1 いじめとは

　「いじめ」の現象はいまや学校だけではなく，地域や職場においても社会問題として取り上げられています。陰湿ないじめにより，命を奪われる子どもや，学校に行けなくなっている子どもがいます。新聞やニュースで大きく取り上げられることもあるため，教員になろうとするみなさんもいじめが子どもに及ぼす影響について考えることがあるでしょう。

　文部科学省の平成29年度「児童生徒の問題行動・不登校等生徒指導上の諸課題に関する調査」の結果によると，いじめの認知件数は，小・中・高のいずれも大幅に増加しています。それに加え，表面化していないいじめや，教員が認知していないいじめもあると考えられます。内容も，ブログやツイッターへの悪質な書き込みなど，時代に応じたものが現れてきています。また，いじめに関しての初期対応は学級担任や他の教職員による指導が中心となっています。

　そもそも，いじめという言葉はどのような現象をさして使われるのでしょうか。ときに，「いじめ」が「ふざけあい」と混同される場合もあり，「この行為がいじめだと特定することは難しいんじゃないか」と悩むこともあるでしょう。しかし，教員がそう考えることで，苦しんでいる子どもを救えない状況に陥ることがあります。「いじめ」と「ふざけあい」を判断するには，「そこに対等な力関係があるかどうか」，「行為の背景に悪意があるかどうか」が一つの基準になります。しかし，一番重要なポイントは，当事者である子どもが心理的，物理的に苦痛を感じているかどうかです。苦痛を感じていれば，それをいじめと捉え，対応することが大事です。次の事例を読み，それぞれの登場人物の気持ちを考え，自分が担任の教員ならどう対

第Ⅱ部　実践・事例編

応するか，考えてみてください（整理に章末のワークシートを利用できます）。

> **まさおくん（中学1年生男子）の場合**
>
> 　まさおくんの保護者が担任に会いたいと学校を訪れました。担任の山崎先生は，最近のまさおくんが元気を失っていることや，たびたび保健室に行っている様子を気にしていましたが，まさおくんにその理由を聴く機会をもてずにいたので，保護者の来校に，「やっぱりなにかあったんだな」と感じました。
>
> 　保護者の話とは，「まさおの後ろの席の健一郎くんが，授業中に消しゴムを細かく切ってそれをなんどもなんどもまさおに投げてよこすらしいのです。それがどうしても耐えられなくて，体調を崩しているのです」ということでした。山崎先生は，「他にもなにかありましたか」と聞きましたが，「いえ，それだけです」と保護者が答えたので，「なんだ，そんなことか」と思いました。
>
> 　消しゴムの切れ端を投げられたくらいで体調を崩すなんて，まさおくん本人の心の弱さが問題なのだと思い，「まさおくんはもう中学生ですから，嫌なことをされたときには『やめてくれ』と言うように指導します」と保護者に言いました。すると保護者は，「いじめられているのは，まさおの方ですよ。相手の生徒を指導してください」と言いました。山崎先生は，「消しゴムくらいで大げさな保護者だな」と思いました。それに，そんなことくらいで健一郎くんにどう指導すればよいのかわかりませんでした。健一郎くんは快活な生徒であったため，悪ふざけが過ぎたくらいに捉えていたからです。
>
> 　保護者から話を聞いたまさおくんは山崎先生が信用できなくなり，学校に行けなくなりました。

第 8 章　いじめに関する児童・生徒への対応（1）

② 文部科学省による「いじめ」の定義

　文部科学省は，平成18年度の「児童生徒の問題行動等生徒指導上の諸問題に関する調査」で，いじめについて，「当該児童生徒が，一定の人間関係のある者から，心理的，物理的な攻撃を受けたことにより，精神的な苦痛を感じているもの。なお起こった場所は学校の内外を問わない。」と定義しました。

　また，平成25年6月には，「いじめ防止対策推進法の公布」が各都道府県教育委員会，各指定都市教育委員会，各都道府県知事，附属学校を置く各国立大学法人学長，独立行政法人国立高等専門学校機構理事長，各私立高等専門学校を設置する学校法人の長，小中高等学校を設置する学校設置会社などに向けて通知されました。この推進法の概要は，「いじめとは児童生徒に対して，当該児童生徒が在籍する学校に在籍している等当該児童生徒と一定の人的関係にある他の児童生徒が行う心理的又は物理的な影響を与える行為（インターネットを通じて行われるものを含む）であって，当該行為の対象となった児童生徒が心身の苦痛を感じているもの」と定義し，いじめ防止等のための対策の基本理念，いじめの禁止，関係者の責務等を定めることが盛り込まれています（巻末資料参照）。

　ここでもう一度確認しておきたいことがあります。たとえ，行為者の側の「悪ふざけ」や「悪意のないからかい」からなされた行為であっても，その行為を受けた子どもが心理的または物理的に苦痛を感じている場合は，教員は「いじめ」として対応しなければならないということです。先ほどのまさおくんの場合も，まさおくんが苦痛に感じ体調を崩していることを教員が聞いた段階で，その苦痛を排除する方向への適切な対応が求められたのです。

③ いじめはなぜ起こるのか

　文部科学省の資料[1]では，いじめの原因と背景について児童生徒の問題，家庭の問題，学校の問題の3つの観点から説明しています。

（1）児童生徒の問題
- 対人関係の不得手
- 表面的な友人関係
- 欲求不満耐性の欠如

---

(1)　文部科学省「子どもを守り育てるための体制づくりのための有識者会議（第2回）」（平成18年）の配布資料「いじめへの対応のヒント」（平成15年，東京学校臨床心理研究会運営委員作成 http://www.mext.go.jp/b_menu/shingi/chousa/shotou/040/shiryo/06120716/005.htm）

67

第Ⅱ部　実践・事例編

- 思いやりの欠如
- 成就感・満足感を得る機会の減少
- 進学をめぐる競争意識
- 将来の目標の喪失

などがあります。

　たとえば，子どもが児童虐待の被害者であったり受験に対する重圧を感じていたりなど，ストレスの多い環境にさらされていた場合，その不満やストレスのはけ口としていじめる場合があります。一般的には大きなストレスを感じた場合，我慢したり，自分で感情をコントロールしたり，なんとか乗り越えようとします。しかし，非常に追い詰められた環境に置かれていたり，自分で乗り越える力が育っていなかったりする場合には，内面に溜まった不満やストレスを他者への攻撃行動として表してしまうことがあります。これがいじめにつながる場合もあるのです。

（2）家庭の問題

- 核家族，少子家庭の増加➡人間関係スキルの未熟さ
- 親の過保護・過干渉➡欲求不満耐性の習得不十分
- 親の価値観の多様化➡協調性・思いやりの欠如，規範意識の欠如

などがあります。

　いじめが悪質化し増加した背景には家庭のあり方が問われることがあります。核家族化に伴い，子どもが家庭の中で自分とは意見の異なる他者との折り合いをどうつけていけばよいのかについて学んだり，年代を超えた人々の多様な姿に触れたりする機会が減少しています。子どもの数が少なくなってきたため，親の子どもに対する干渉や保護も過剰になっています。そのため，子どもは，家庭は自分を中心に回っている場所だと錯覚してしまうことがあります。その錯覚が，他者に合わせていかなければならない学校でも通用すると思うのです。そして，自分さえよければ他者はどうでもよいといった自己中心的な行動に至る場合があります。人とのかかわりの中で自分がどう振る舞うべきかという経験を積み重ねる機会が少なかった場合，自分の思い通りに他者を動かそうとし自分の言う通りに他者が動かないときにいじめという行為に至ることがあるのです。

（3）学校の問題

- 教員のいじめに対する認識不足
- 教員も生徒も多忙で，お互いの交流が不十分
- 知識偏重など，価値観が限られていると，差別の構造につながりやすい
- 生活指導や管理的な締め付けが強いと，集団として異質なものを排除しようとする傾向が生じやすい

などがあります。

　いじめは教員の目の届かないところで起こるのがほとんどです。いじめの最多発見場所は学校だといわれていますが，通常いじめは巧妙に隠蔽されるため，教員が気づいたときには，すでに子どもが深い心の傷を負っていることがあります。「なぜ，相談してくれなかったのか」と悔いる教員も多いのですが，子どもは自分がいじめられていても，「チクった」などと言われ，状態がさらに悪化することを恐れてなかなか教員に相談することができません。そのため，常日頃から子どもたちの様子をしっかりと観察し，子ども一人ひとりに関心を払っておくことが大切です。また，現在，いじめの兆候がみられないとしても，いじめを防止するための教育や指導を継続的に行う必要があります。さらに，自分たち教員の教育や指導が子どもに大きなストレスを与えていないか，子どもたちの気持ちに寄り添えているかについてつねに問い直すことが必要です。学校でのストレスがいじめにつながる可能性は大きいため，日頃から，子どもたちの声を聴き，子どもたちの視点にたって考えることが大切です。

　いじめ問題が起きると，周囲は動転したり焦ったりするため，「学校の指導力の低下のせい」，「家庭の教育のあり方のせい」，「子どもの性格のせい」などと，誰かを悪者にする傾向がありますが，けっして一つの要因がいじめを引き起こしているのではありません。いじめ問題だけではなく，子どもが不適応状態を示したり，何か問題を抱えたりする場合は，子どもが生活をしている全体の場からアプローチしていくことが大事です。

4　いじめの構造

　いじめは，**加害者**と**被害者**のほかに，はやし立てたり面白がって見ている**観衆**，自分がいじめられることを恐れて見て見ぬふりをしている**傍観者**の4層構造をなしているといわれています（森田・清水，1986）。傍観者の中には少数の**仲裁者**がみられる場合があります。

　いじめの問題を考える場合は，加害者への指導や被害者へのケアに関心を向けるだけではなく，結果的にいじめを積極的に助長してしまっている観衆や，暗黙的にいじめを支持しているようにみえる傍観者に対して自分たちの行為がいじめ問題にどのような形で影響を与えているのかについて理解させることが大切です。また，いじめの抑制となっている仲裁者が増えるような学級づくりをしておくことが重要です。

　傍観者だったことをいまだに悔やんでいる友子さん（27歳会社員）の言葉を読み，みなさんはどんなことを感じますか？

> **傍観者であったことを悔やむ友子さん**
> 　私が中学のときのクラスにいじめがありました。あるおとなしい女の子がターゲットにな

第Ⅱ部　実践・事例編

っていました。その女の子としゃべったり近くに寄ったりすると，「バイキンが伝染るぞ〜」とはやし立てる男子のグループがいました。私は，その子のことが嫌いではなかったのですが，なんとなく喋らなくなりました。話しかけられてもすっとその場を離れたりしました。気づいたらその女の子は教室で一人ぼっちになっていました。からかいはいつまでも続いて，その女の子は学校に来なくなってしまいました。今でも，その子のことを思い出すと心の奥がチクッと痛みます。今なら，かばってあげることができるのに，と申し訳なくなるのです。一生，この思いは消えないんじゃないかと……。でも，消したらだめなんだ，と思っています。

5 　いじめ対応の基本的な流れ

　いじめを発見したときの基本的な対応について，図8-1が参考になります。

（1）最初の対応を慎重に

　いじめを発見した場合は，初期対応を適切に行うことが重要です。はじめの対応が不適切であると，子どもが教員に対して不信感を抱いたり，いじめがより深刻になったりします。保護者にも事実を報告して，学校と家庭の両面で子どもをケアしていくようにします。いじめられていることで，自己評価を下げたり，自分を責める子どももいますので，「いじめられるのは，あなたが悪いからではない。いじめている子どもが悪いのだ」ということをしっかりと伝えることが重要です。

（2）いじめられている子どもの気持ちに寄り添う

　誰の目からみてもいじめられていると考えられる場合でも，子どもは「いじめられていない」と言うことがあります。子どもの気持ちは複雑です。いじめられている自分を認めたくない，仕返しが怖い，親に心配をかけたくないなどと考え，「いじめられている」と言えない子どもがいます。この場合，子どもの思いを尊重しながらも，「いじめは絶対に許してはいけないこと」，「あなたを絶対に守る」ということを伝えます。

（3）情報収集と情報交換を密に

　いじめの報告を受けたらすぐに，できるだけ多くの情報を収集し状況を把握するようにします。他の子どもや教職員の情報から学級担任が知らない子どもの姿が見えてくることがあります。必要があれば，無記名のアンケートなども実施します。

第8章　いじめに関する児童・生徒への対応（1）

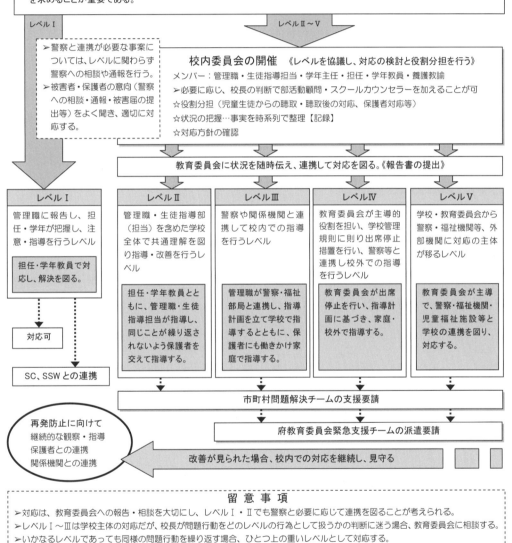

図8-1　5つのレベルに応じた問題行動への対応チャート

（出所）　http://www.pref.osaka.jp/attach/21096/00133734/taioutyatohpsaisyu.pdf

第Ⅱ部　実践・事例編

（4）当事者だけではなく学校全体の問題として取り組む

　いじめは加害者と被害者だけの問題ではなく，学校全体の問題として取り組まなければなりません。学校の体制はどうだったのか，教職員の子どもへの対応はどうだったのか，保護者や他機関との連携はうまくいっていたのかなど，いじめ問題を通して今一度学校のあり方を問い直すことが重要です。

　また，いじめ被害者の心のケアや支援はもちろんのことですが，加害者も指導や叱責だけではなく，心のケアや支援の対象としなければならない場合があります。

　いじめる子ども，いじめられた子ども，黙ってみている子ども，いじめを面白おかしくはやし立てる子ども，それらすべてが指導と教育の対象であることを忘れないことが大切です。

引用・参考文献

森田洋司・清水賢二（1986）いじめ——教室の病い　金子書房

第８章　いじめに関する児童・生徒への対応（１）

※まさおくんの事例（p.66）のためのワークシート

（１）事例の登場人物の［考えや心情］について整理してみましょう。

［まさおくん］

［山崎先生］

［保護者］

［健一郎くん］

（２）あなたが山崎先生だったらどう対応するでしょうか。考えたことを書いてください。

第9章

いじめに関する児童・生徒への対応（2）
——いじめの多様性を事例から理解する——

ねらい ────────────────────────────
　◆ いじめの態様を具体的な事例を通して理解する。
　◆ いじめへの基本的対応の留意点について学ぶ。
────────────────────────────────────

■1　いじめの様態

　どのような状態を「いじめ」と捉えたらよいのか。ここでは，具体的な事例を通して理解していきます。

　個人の特性や学校の性格，子どもたちを取り巻く環境の違いによって，いじめに対するイメージや捉え方が異なる場合があります。「自分の子ども時代にもこのくらいのことはあった」，「これをいじめというのだろうか」と思うような内容もあるかもしれません。しかし，自分の過去の経験から目の前にいる子どもの行動を解釈していては本質が理解できないことがあります。いじめられている子どもの思いに寄り添っていくことが難しくなるのです。たとえ，自分自身がそれほど苦痛に感じなかった事柄であったとしても，子どもたちがそれをいじめと捉え，精神的，身体的に苦痛と感じていることに対しては，子ども

表9-1　いじめの態様

区　分	計	
	件　数（件）	構成比（％）
冷やかしやからかい，悪口や脅し文句，嫌なことを言われる。	257,996	62.3
仲間はずれ，集団による無視をされる。	58,290	14.1
軽くぶつかられたり，遊ぶふりをして叩かれたり，蹴られたりする。	87,170	21.0
ひどくぶつかられたり，叩かれたり，蹴られたりする。	24,066	5.8
金品をたかられる。	4,896	1.2
金品を隠されたり，盗まれたり，壊されたり，捨てられたりする。	24,017	5.8
嫌なことや恥ずかしいこと，危険なことをされたり，させられたりする。	31,351	7.6
パソコンや携帯電話等で，ひぼう・中傷や嫌なことをされる。	12,632	3.0
その他	17,225	4.2

　（出所）　文部科学省　2018　平成29年度「児童生徒の問題行動・不登校等生徒指導上の諸課題に関する調査」（http://www.mext.go.jp/b_menu/houdou/30/10/1410392.htm）

第Ⅱ部　実践・事例編

の苦痛を取り除くよう対応していくことが基本です。

　では，平成29年度「児童生徒の問題行動・不登校等生徒指導上の諸課題に関する調査」
を参考にしながら（表9-1），「いじめ」に関する具体的な態様をみていきましょう。

（1）冷やかしやからかい，悪口や脅し文句，嫌なことを言われる

　社会性の発達に応じて，友達とのかかわり方は異なります。幼い頃には自分が言ったこ
とを相手がどう思うかについてなかなか理解することができません。他者の視点がとりに
くいからです。そのため，ケンカになったり，相手が泣いたりすることで，「これは言わ
れたら嫌なことなのだ」と理解していくのです。しかし，他者の視点がとれるようになる
7，8歳くらいからは「相手が言われて嫌なことを意識的に言う」ことは，いじめになり
ます。

事例：祖母からプレゼントされた服をからかわれて

　桃子さん（中学1年生女子）は，誕生日に祖母から新しい服をプレゼントされました。桃
子さんは日頃はカジュアルな服装が多いのですが，祖母はピンクのフリルがついたスカート
を買ってくれました。桃子さんは一瞬，「ちょっと恥ずかしいな」と思いましたが，祖母の
気持ちが嬉しくて，友達2，3人と一緒に買い物に行く日に着ていきました。友達は桃子さ
んの服を見て一斉に，「何，それ」，「趣味悪〜」と笑いました。桃子さんは「やっぱり？」
「おばあちゃんっていう人種はなんでピンクのヒラヒラが好きなんだろうね」と一緒に笑っ
てはいましたが，「せっかくおばあちゃんが買ってくれたのに」と悲しく思いました。それ
以来，学校でも「ピンクのヒラヒラさん」とからかわれるようになり，他のクラスメートも
一緒に笑っている姿をみて学校に行くことが苦痛になりました。

　桃子さんは祖母から買ってもらった服を自分でも少し恥ずかしいと思いながらも，祖母
の気持ちが嬉しかったので，喜んで身につけていました。しかし，友達から何度もからか
われるうちに悲しくなってきました。一生懸命選んでくれた祖母のことを思うと，だんだ
んと気持ちが落ち込んできたのです。

（2）軽くぶつかられたり，遊ぶふりをして叩かれたり，蹴られたりする

　小学校・中学校・高校を通じて，身体を使って仲間とふざけ合ったり，スキンシップや
コミュニケーションを取ることがあります。とくに男子生徒にこの傾向が高いかもしれま
せん。しかし，相手が嫌がっていたり，一方的に，何度も叩かれたり，蹴られたりする場
合はいじめと考えます。

第9章　いじめに関する児童・生徒への対応（2）

事例：遊びか，いじめか

　ゆうとくん（中学3年生男子）の中学では「肩パン」という遊びが流行っています。肩パン（「肩パンチ」の略）とは，1対1で交互に繰り返し相手の肩（もしくは，二の腕）を殴り合い，お互いの力量を測るというものです。しかし，ゆうとくんは，ある男子グループからいつも一方的に叩かれており，自宅に帰りシャツを脱ぐと，叩かれた二の腕は青紫に変色しています。痛みで眠れない日もあります。肩パンをしつこくしてくる男子グループに「もう，やめてくれ」というのですが，「こいつ，遊びに本気で怒ってる」とかえって笑われるので，黙って我慢をしています。しかし，「あいつらのストレス解消の対象にされてるのかも」と思うと学校に行くことが苦痛になってきています。

　ゆうとくんは中学3年生にしては小柄でおとなしく，「肩パンチ」をするグループからは格好の相手だったようです。「ゆうとなら反撃してきても大丈夫，勝てる」と相手は思っていたようです。また，「肩パン」という遊びは流行していたため，「みんながやってる」，「遊びなんだから」と，相手が痛いと言っても，身体にあざができても罪悪感をもつこともなく，自分たちの行為を正当化することができていました。ゆうとくんも「肩パン」が遊びと認識されていると知っていました。そのため，本気で怒ることは格好が悪いことだと思っていたのです。しかし，一方的に，身体にあざができるほど「肩パン」を繰り返される日々が続くうち，「相手自身のストレスを解消するための一つの方法なんじゃないか」と思うようになり，学校に行くことが苦痛になってきたのです。

（3）　仲間はずれ，集団による無視をされる

　仲間はずれや集団による無視をされると，最初は「自分が何か悪いことをしたのだろうか」，「どうしたらまた仲間に入れてもらえるのか」と悩みますが，はっきりとした理由がわからなかったり，状況が長期間にわたって変化しなかったり，ますます酷い状態になってくると，学校に行けなくなってしまうほど精神的に落ち込みます。学校での自分の居場所がなくなったように感じるからです。

事例：いつのまにか一人に

　さゆりさん（中学1年生女子）は，同じクラスの仲よし5人グループで行動していました。音楽や理科の実験などで教室を移動するときやお弁当を食べるときにもつねに5人一緒で，「友人関係にも恵まれ学校生活はなんて楽しいんだろう」と思っていました。ところが，1学期の終わり頃から，グループのみんなの様子が少し変わってきたように感じました。教室移動もいつのまにかさゆりさんを除く全員でおしゃべりしながら行ってしまいますし，お弁当もさゆりさんだけを待たずに先に食べるようになってきました。さゆりさんが，「待っていてくれたらよかったのに」というと，4人は顔を見合わせて「それは悪かったね」といい，

77

第Ⅱ部　実践・事例編

それ以来，さゆりさんのことは完全に無視するようになりました。さゆりさんが「謝るから理由を教えてほしい」といっても「別に」というだけです。さゆりさんはあんなに仲がよかったのに今では挨拶さえもしてもらえなくなり，精神的にすっかり落ち込んでしまいました。

　さゆりさんははっきりとした理由がわからないまま，仲よしグループから無視されるようになってしまいしました。他のグループに入りたくても，グループ内の結束がかたく，その上，排他的なグループが多いため，いまさら，さゆりさんを迎えてくれるグループはありませんでした。さゆりさんはいまだになぜ仲間はずれにされたのかがわかりません。「私でなくてもよかったのかな。誰かを仲間はずれにしたかっただけかもしれない」と思いますが，残りの中学生活を同じ空間で過ごさなければならないと考えると，気持ちが沈んでいくのです。

（4）嫌なことや恥ずかしいこと，危険なことをされたり，させられたりする

　人によっては，「嫌なこと」や「恥ずかしいこと」は少し異なるかもしれません。しかし，自分がされて平気なことでも，苦痛に感じている子どもはいます。たとえば，高いところが苦手な子どもが，ジャングルジムのいちばん上から飛ぶことを「面白いからお前もやれ」と何度も強要されることは苦痛です。また，「ピンポンダッシュ（近所の家のインターフォンを鳴らして逃げる）してこい」と言われたりすることも，それをしたくない子どもにとっては苦痛でしかないのです。

事例：悪ふざけがすぎる

　ゆうすけくん（中学1年生男子）は中学校の体操部に入っています。はじめは，体操部の練習も楽しく，同じクラブの仲間たちとも仲よく付き合っていました。「よいクラブに入ったな」と本人も喜んでいたのです。しかし，しばらくして，クラブ後の着替えのときに，他の部員たちが示し合わせてゆうすけくんを部室から外に放り出し，内側から鍵をかけ中に入れないようにするということが増えてきました。やっている本人たちは「悪ふざけ」と思っているのでしょうが，下着姿で放り出されるゆうすけくんにはたまったものではありませんでした。女子からは冷たい目で見られ，先生からも叱られるということが続きました。他の部員にやめてくれるように頼みましたが，かえって行動がエスカレートするばかりで，ゆうすけくんはついに楽しかった部活をやめざるを得なくなってしまったのです。

　ゆうすけくんの部活仲間もはじめはたんなる「からかい」や「悪ふざけ」という意識だったかもしれません。しかし，思春期にいるゆうすけくんにとってはとても恥ずかしく苦痛なことでした。「やめてくれ」とは言えましたが，かえって行動がエスカレートしてしまいゆうすけくんは楽しかったクラブをやめざるを得なくなってしまったのです。

第9章　いじめに関する児童・生徒への対応（2）

（5）金品を隠されたり，盗まれたり，壊されたり，捨てられたりする

　学校生活の中で，財布を隠されたり，学用品を壊されたり，配られたプリントをゴミ箱に捨てられたりすることがあります。隠したり，壊したり，捨てたりしている本人は遊びの延長と考えているのかもしれませんが，実際にされている立場になると，精神的に深く落ち込みます。

事例：自転車にいたずらされて

　幸子さん（中学1年生女子）は，中学校まで自転車通学をしています。中学校に入るときに，祖父母からプレゼントされた自転車をとても気に入っていました。しかし，秋頃から，自転車置き場に置いてある幸子さんの自転車だけサドルが抜かれていたり，タイヤがパンクしているという出来事が相次ぎました。サドルがなくなっていたり，タイヤがパンクしていると，歩いて40分の距離を重い自転車を押しながら帰らなくてはなりません。先生も休み時間や放課後に見回りをしてくれましたが，誰が犯人かはわかりません。幸子さんは「私の自転車ばかり……。私はそれほど嫌われているのだろうか」と落ち込み，誰ともしゃべらなくなりました。

　幸子さんは自分の自転車だけがいたずらされていることに悩んでいます。いろいろと理由を考えてみますが思い当たりません。誰が犯人なのかわからないので，「クラスのあの子だろうか，それとも，先輩だろうか」などと考え込んでしまい，人とかかわることが怖くなりました。みんなは幸子さんをみると笑顔で接してくれていますが，その中に「自転車を壊すくらい私のことが嫌いな人がいるのだ」と思うと，誰とも話せなくなってきたのです。

（6）ひどくぶつかられたり，叩かれたり，蹴られたりする

　自分とは違う他者の行為や考え方を理解する上でケンカが生じることは，子どもの社会性を発達させるためには必要なことでもあります。しかし，相手が嫌がっている，あるいは相手が恐怖を感じるような身体的な攻撃を一方的に加えることはケンカではありません。いじめとして対応します。

事例：怖くて学校に行けない

　正くん（中学1年生男子）は，今日も学校を休んでいます。けっして，学校が嫌なわけではありません。どちらかといえば，ある事件が起こるまでは学校生活を楽しんでいました。しかし，今は学校が怖くて行けません。秋の体育大会の後，中学2年生のあるグループから目を付けられたようで，学校帰りに待ち伏せをされて「調子に乗ってるんじゃないぞ」，「ちょっと痛い目に合わさないとわからないかもね」などと意味不明なことを言われ，集団で殴られたり蹴られたりするようになりました。正くんには思い当たる理由がありません。親や

79

第Ⅱ部　実践・事例編

先生に相談したくても，仕返しが怖くてできないまま，学校に行けなくなってしまったのです。

　正くんに何があったかははっきりとはわかりませんが，体育大会の100メートル走で2位に大差をつけて優勝し大歓声が上がったことが中2グループの気に障った可能性があります。この時期の子どもは，誰かが目立つこと，それも褒められたり賞賛されたりすると，その誰かに対して，「うざい」，「調子に乗っている」と感じることがあるようです。自分たちのストレスを発散するためや，自分たちに劣等感を感じさせる相手を攻撃するために集団で暴力を加えることもあります。

（7）パソコンや携帯電話等で，誹謗中傷や嫌なことをされる

　近年，パソコンや携帯電話の普及にともない，個人が開設しているホームページやブログ，あるいはSNS（ソーシャルネットワークサービス）などへの悪質な書き込み，個人に対しての誹謗中傷，個人情報の暴露などの「ネットいじめ」が問題となっています。このような状況を踏まえて，文部科学省では，「ネット上のいじめ」に関する対応策等について検討を行っています。平成20年6月に，「子どもを守り育てる体制づくりのための有識者会議まとめ（第2次）」で，この「ネット上のいじめ」に関しての取りまとめを行っていますので参考にしてください。

> **事例：掲示板で中傷されて**
> 　明奈さん（中学2年生女子）は，日々の生活をブログにアップしています。訪れてくる人のコメントを読むのが楽しみでした。公開範囲を友人に特定しているので安心していました。しかし，あるときから，知らないハンドルネームでの書き込みが始まりました。誰が書いているのかはわかりませんが，内容は，「死ね」，「うざい」，「消えろ」などの悪質なものです。ひどいときには一日に何十件も書き込まれています。そのたびに，削除するのですがきりがありません。明奈さんは心無い書き込みを見るたびに落ち込んでしまい，結局ブログは閉鎖してしまいましたが，書き込みの内容を思い出すたびに精神が不安定になってしまい，友達と付き合うことが怖くなってしまいました。

　ブログやホームページ上では，インターネットのもつ匿名性から，安易に誹謗・中傷の書き込みが行われます。その内容も直接口では言えないような酷い内容が書き込まれることがあります。書き込んでいる方は書き込まれた人間がどれほど傷ついているかに気づいていない場合があります。また，匿名性があるため書き込みの内容がエスカレートすることもあります。しかし，書き込まれた方は，誰が自分を誹謗・中傷しているのかがわからないこともあり，不安や疑心暗鬼になってしまい，友人との付き合いさえ怖くなってしまうこともあるのです。

第9章　いじめに関する児童・生徒への対応（2）

（8）金品をたかられる

　子どもは保護者に扶養されている立場であるため，お年玉やお小遣いを貯めていたとしても，自由にできるお金はそれほどもっていません。その中で，誰かから高圧的に「おごってくれ」と言われたり，「今度〇〇を買いたいからカンパしてくれ」，「〇〇が欲しいからお前のをくれ」などと言われ，断ると殴られたり蹴られたりする場合，子どもは追い詰められて家のお金に手をつけることも出てきます。

事例：もうお金がない

　すぐるくん（中学3年生男子）には，ときどき学校をサボったり，夜遅くまでコンビニで溜まったりしている仲間がいます。人見知りで友人の少ないすぐるくんにとっては唯一友達といえる仲間だと思っていました。しかし，すぐるくんが昼ご飯に購買で「パン，買ってくるわ」というと，「俺らの分も買ってきてくれ。おごっといて」と言われるようになりました。「ついでにチョコレートもお願い」などと要求がだんだんと大きくなり，「お前，今度，俺たち映画に行くから〇〇円，用意しとけよ」などと言われるようになりました。すぐるくんは一人ぼっちになってしまうのが怖くて，彼らから言われるままにお金を出していました。しかし，貯金はすべてなくなってしまったため，母親の財布からお金を取ろうとしているのを見つかってしまったのです。

　すぐるくんは友達関係を継続したいがために，要求されるがままお金を渡してしまいました。しかし，その額はだんだんと高額になり，ついには母親の財布からお金を盗んでしまったのです。「お金はない」と断ることができればよかったのですが，「仲間はずれになったらどうしよう」という気持ちが強くて言い出すことができなかったのです。

②　いじめ対応への基本的姿勢

　文部科学省（平成26年度「児童生徒の問題行動等生徒指導上の諸問題に関する調査」）によると，いじめる児童生徒への対応といじめられた児童生徒への対応は，ともに「学級担任や他の教職員が状況を聞く」がもっとも多くなっています。そのため，教員はいじめについての基礎的な知識を理解した上で，子どもたちにどう向き合っていくかについて深く考えていくことが求められています。しかし，学級担任が一人で抱え込むのではなく，学校全体の問題として「いじめ」を捉え，関係機関の協力を得ながら対応していきます。

（1）いじめられた子どもに対して

　いじめを受けた子どもの傷は，大人が想像する以上に深いものがあります。大人からみれば，「こんなことで」と思うことでも，子どもにすれば，消えてなくなりたいほどの苦しい気持ちを抱えているものです。そのため，大人の枠組みから出来事を解釈するのでは

第Ⅱ部　実践・事例編

なく，つねに子どもたちの視点にたって子どもたちが抱えている「苦しい気持ち」をそのままに受け止めなければなりません。ときに「いじめられた方にも問題がある」などという言葉を聞くことがありますが，これは傷ついている子どもを二重に傷つけてしまう言葉ですので言ってはいけません。「人に傷つけられた心は，人との関係の中で癒される」といいます。教員は，いじめられ，心に傷を負った子どもを温かく包み込み，子どもが自分の力で前を向こうとするまで寄り添い支えていく姿勢が大事です。

(2) いじめた子どもに対して

「いじめ」と聞くと，いじめられた側に対するケアに意識が向きますが，いじめている子どももまた指導やケアの対象である場合が少なくありません。いじめている側をたんに「加害者」という目で見るのではなく，「いじめは命にかかわる重大なことであり，絶対にしてはならないこと」と厳しく指導しながら，「なぜいじめるのか」の背景について心を寄せて考える必要があります。いじめを繰り返す子どもの内面には満たされない寂しさや言葉にできない不安が隠れていることもあります。家庭がつねに不和であったり，受験に対する焦りがあったりする場合もあります。いじめた子どもの心の痛みに気づかせながら，いじめを繰り返させないために，いじめている子どもの話をしっかりと聴きます。

(3) 当事者ではない子どもに対して

傍観者や観衆に対しては，いじめの存在を知りながらそれを黙って見ていることは，いじめを黙認していることになると理解させます。自分が次のターゲットになることを恐れて，いじめを見て見ぬ振りするのでしょうが，いじめられている子どもの痛みを理解すれば，黙って見ていることはできないはずです。いじめられている子どもの気持ちを理解すること，根本的にいじめを排除するためにも勇気をもった行動が求められていることを指導します。

3　いじめについての事例検討：ロールプレイ

次の事例を読んで，里奈さんの立場に立ち，里奈さんの気持ちに寄り添いながら，望ましい対応のあり方を考え，ロールプレイを通して理解を深めましょう。教員役，里奈さん役，観察者役それぞれを体験し「振り返りシート」に記入してください。

第9章　いじめに関する児童・生徒への対応（2）

事例：ラインを退会させられて

　中学3年生になる里奈さん（女子）は，クラスの仲の良い女子とライングループを作っていました。ラインではその日の学校での出来事や，テレビ，休日の予定などの話題は盛り上がり，いつまでもやり取りをしているので母親から叱られることもありましたが，里奈さんにとっては一番の楽しい時間でした。ところが，ある日，里奈さんが入浴している間にグループのある女子の悩みがラインで送られてきました。他のメンバーはすぐに反応し，励ましや共感のメッセージが多く寄せられていました。里奈さんは入浴していたため，メッセージを返すまでにかなりの時間が経ってしまいました。それ以来，里奈さんがラインを送っても既読にはなるのですが，スルーされるようになりました。はじめは，気のせいかと思っていましたが，いつのまにか退会させられていることがわかりました。退会させられたグループラインにいた友達から「こんなことが書かれているよ」と里奈さんの悪口が書かれているラインをスクリーンショットしたものを見せられ，ショックを受けてしまいました。このことがあって以来，学校に行きにくくなってしまいました。学校に来なくなった里奈さんを心配して，担任の山下先生が家に来ました。

◆ ロールプレイをはじめる前に：事例をよみとる視点の整理

(1)里奈さんはライングループを退会させられてどのような気持ちになったのでしょうか。

(2)退会させた子どもたちはどのような思いだったのでしょうか。

里奈さん：いきなり，何もいわずに退会させられて，悪口も言われている……怖くて学校
　　　　　に行けません。

山下先生：……（対話を続けてください）

第Ⅱ部　実践・事例編

ロールプレイ・振り返りシート

Q1. それぞれの役割で体験した内容を振り返り，工夫した点やロールプレイ中の気持ちなどについてまとめてください。

■**教員役として**

①話し合いの中で，どのような点を工夫したか（展開や質問内容を含む）。

②里奈さん役との話し合いを通して感じたこと・考えたこと。

■**生徒役として**

①里奈さんを演じるにあたり，どのような点を意識したか（どのような点が難しかったかなどを含む）。

②山下先生役との話し合いを通して感じたこと・考えたこと。

第9章　いじめに関する児童・生徒への対応（2）

■観察者役として
　　→①〜⑥については，話し合いの中で気づいた点をメモします。

①アイコンタクト

②姿勢

③表情

④声の調子

⑤話し合いの中で鍵となる会話や態度

⑥教員役・里奈さん役の様子について

⑦観察者役として感じたこと・考えたこと。

Q2. ロールプレイ全体を通して，感じたことや気づいたこと，あるいは印象に残ったこと
　　を自由に書いてください。

85

第10章
発達障害のある児童・生徒への対応（1）
——発達障害の理解——

ねらい
- ◈ 発達障害についての基礎的な知識を学ぶ。
- ◈ 発達障害を背景とした困難への対応について考える。

1 特別支援教育における発達障害

　近年の教育相談の中で「友人関係がうまく築けない」「全般的な知的発達の問題とは別に特定の課題（文字を書くこと，計算することなど）についてのみ著しく困難が大きい」「授業中の立ち歩きや忘れ物の多さなどについて，今ままでの指導法ではなかなか改善されない」などの相談が挙げられることが少なくありません。こうした子どもたちへの対応に際しては，一人ひとりの子どもの状況を丁寧に観察し，問題の所在を明らかにすることが求められますが，その一方で，発達障害の可能性を検討することが望ましいケースもあります。この点に関して，文部科学省が平成14年に行った「通常の学級に在籍する特別な教育的支援を必要とする児童生徒に関する全国実態調査」では，医師の診断によらない（教員の判断による）ものの発達障害の特性と類似した特性がある子どもたちの存在が明らかにされ，その対応が喫緊の課題として挙げられました。また，平成17年4月に施行された発達障害者支援法[1]においても教育場面における発達障害児への対応の必要性が明記されました。

　その後，平成19年4月には，「特別支援教育」が学校教育法に位置づけられ，すべての

---

(1)　「この法律において「発達障害」とは，自閉症，アスペルガー症候群その他の広汎性発達障害，学習障害，注意欠陥多動性障害その他これに類する脳機能の障害であってその症状が通常低年齢において発現するものとして政令で定めるものをいう。
　2　この法律において「発達障害者」とは，発達障害がある者であって発達障害及び社会的障壁により日常生活又は社会生活に制限を受けるものをいい，「発達障害児」とは，発達障害者のうち十八歳未満のものをいう。
　3　この法律において「社会的障壁」とは，発達障害がある者にとって日常生活又は社会生活を営む上で障壁となるような社会における事物，制度，慣行，観念その他一切のものをいう。
　4　この法律において「発達支援」とは，発達障害者に対し，その心理機能の適正な発達を支援し，及び円滑な社会生活を促進するため行う個々の発達障害者の特性に対応した医療的，福祉的及び教育的援助をいう。」（発達障害者支援法第二条）

87

第Ⅱ部　実践・事例編

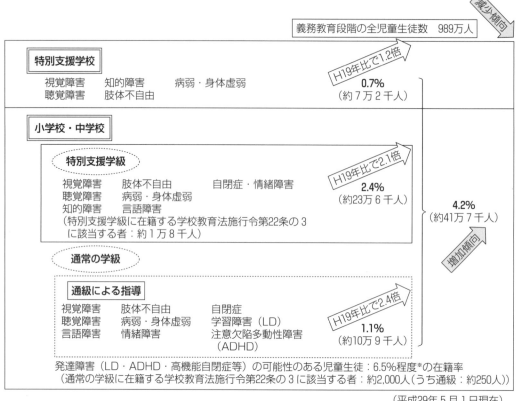

図10-1　特別支援教育の対象の概念図（義務教育段階）

（出所）　文部科学省（2018）平成29年度 文部科学白書（http://www.mext.go.jp/b_menu/hakusho/html/hpab201801/1407992.htm）

学校において，障害のある幼児児童生徒の支援をさらに充実させていくこととなりました。なお，「特別支援教育」とは，文部科学省によれば「障害のある幼児児童生徒の自立や社会参加に向けた主体的な取組を支援するという視点に立ち，幼児児童生徒一人一人の教育的ニーズを把握し，その持てる力を高め，生活や学習上の困難を改善又は克服するため，適切な指導及び必要な支援を行うもの」となっています。

こうした流れを踏まえて，この章では発達障害のある子どもたちの特性と対応について学びます。なお，図10-1に示された6.5％程度という数字は，平成24年度に文部科学省が実施した第2回目の「通常の学級に在籍する発達障害の可能性のある特別な教育的支援を必要とする児童生徒に関する調査（児童・生徒52,272人（1,164校）からの回答）」に基づく数字です。

ここで，再度，確認しておきたい点は，この図で示されている6.5％程度という数字が

88

第10章　発達障害のある児童・生徒への対応（1）

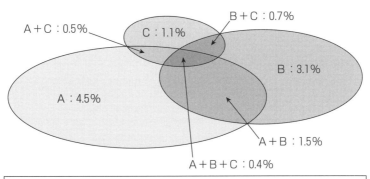

A：「聞く」「話す」「読む」「書く」「計算する」「推論する」に著しい困難	4.5%
B：「不注意」又は「多動性－衝動性」に著しい困難	3.1%
C：「対人関係やこだわり等」に著しい困難	1.1%

図10-2　通常の学級に在籍する特別な教育的支援を必要とする児童・生徒

（出所）文部科学省（2012）通常の学級に在籍する発達障害の可能性のある特別な教育的支援を必要とする児童生徒に関する調査結果について（http://www.mext.go.jp/a_menu/shotou/tokubetu/material/1328729.htm）より作成

医師の診断に基づくものではないという点です。発達障害の診断は，アメリカ精神医学会の精神疾患の診断・統計マニュアル第5版（DSM-5），またはWHOの国際疾病分類第10版（ICD-10）をもとに医師によってなされます。教員として，発達障害の特性に関する理解を深めることは重要ですが，「苦手なことがある＝障害」ではないこと，とくに，発達障害に関しては，グレーゾーンも含めて，医師であっても診断が難しいケースがあることを理解し，子どもの苦手について，安易な気持ちで「障害があるんじゃないか」などの発言をしないように留意する必要があります。

また，教員は発達障害についての基礎的な知識をもつことも重要です。発達障害に気づかずに行う不適切な対応や不十分な環境調整のもと，過度の叱責を繰り返すことで自尊心の低下や何事にも無気力になるなどの事態を招いたり，ストレスからうつなどの二次的な障害を生じさせたりすることは，あってはならないことです。

2　発達障害の基礎知識

ここでは，図10-3に挙げられた学習障害（LD），注意欠陥多動性障害（ADHD），広汎性発達障害の3つの発達障害について学びます。なお，これらの障害はいずれも脳の中枢神経系の機能障害であり，親のしつけなどの問題ではないこと，また，それぞれの障害が重複する場合があるという点を理解しておくことは，相談にあたって重要な視点です。併せて，発達障害の特性はさまざまであり，同じ診断名であっても具体的な支援の方法は，子どもによって異なることを理解し，相談では診断名にとらわれることなく，本人の特性

第Ⅱ部　実践・事例編

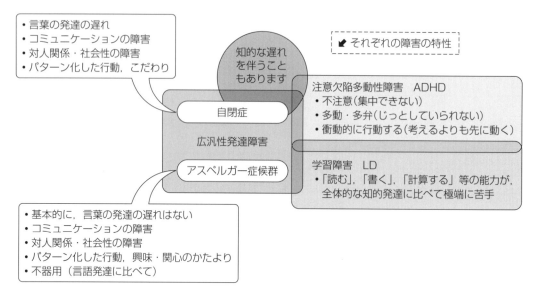

図10-3　発達障害の特性

（出所）　政府広報オンライン　理解する～発達障害って何だろう～（http://www.gov-online.go.jp/featured/201104/contents/rikai.html）

から個々の支援の必要性と具体的な対応策について検討することが重要です。以下で挙げる学校での困難の例についてもあくまでも子どもたちの示す困難の一部です。

また，発達障害は，周囲の理解や教材の工夫，環境の整備，そして，本人の努力などによって困難が軽減される可能性があります。ただし，困難が軽減されたとしても障害そのものがなくなったわけではなく，配慮された環境において目立たなくなっている状態であることを理解することが大切です。教員にとって重要なことは，子どもたちの困難をどのように軽減できるかを考える視点をもつことといえます。

（1）広汎性発達障害（自閉症スペクトラム障害）[2]

　コミュニケーション能力や社会性，こだわりに関連する発達障害です。知的発達に関しては，遅れを伴う場合がある一方で知能検査の結果などにおいて高い数値を示す場合もあります。自閉症，アスペルガー症候群のほか，レット症候群，小児期崩壊性障害，特定不能の広汎性発達障害を含みます。なお，上記の特性に加えて，音や光の刺激に過敏であったり，身体に触られることに痛みを感じる場合がある（感覚過敏）一方で，怪我や病気による痛みを感じにくいなどの場合もあります（感覚鈍麻）。また，いずれの特性もあらわれ方は一様ではなく，個人差が大きいと同時に，緊張する場面や新しい環境においては困難はより大きく，周囲の理解や環境が整備されている場合は，困難は，より小さくなるな

---

[2]　DSM-Ⅳで十分な確認のもとで自閉性障害，アスペルガー障害，特定不能の広汎性発達障害と診断された人は，DSM-5で自閉症スペクトラム障害と診断される可能性が高い。

第10章　発達障害のある児童・生徒への対応（1）

ど，状況によっても変化します。

【学校でみられる例】

①社会性の問題

　「相手にとって不愉快なことを言わない」「会話では一方的に自分の関心のある話だけをしない」などの会話における暗黙のルールに気づきにくかったり，他者の気持ちを察することが苦手なため，友達とのトラブルに発展したり，孤立することがあります。

②コミュニケーションの問題

　「ちょっと待ってね」「適当に片付けておいて」などの曖昧な表現が苦手です。また，言葉を字義通りに受け取り，冗談や皮肉の意味の捉え方が異なることがあります。

③こだわりが強い

　こだわりが強く突然の予定の変更や臨機応変な対応を求められると不安を感じたり，かんしゃくを起こす（大声を出すなど）ことがあります。

（2）注意欠陥多動性障害（ADHD：Attention-Deficit Hyperactivity Disorder）

　年齢あるいは発達に不釣り合いな注意力（不注意），および／または衝動性，多動性によって診断されます。"および／または"となっているのは，個人にみられる特徴によって，不注意優勢型，衝動性・多動性優勢型，そして，すべての特性が認められる混合型の3つに分類されるためです。

　注意欠陥多動性障害に関しては，ケアレスミスや落ち着きのなさなどの特徴について"障害"として説明してもなお，「努力すれば何とかなるのではないか」と思われ，本人に過度の努力が求められたり，達成されない場合には怠けていると言われるなど，本人にとって厳しい（適切ではない）評価を受けることがあります。

【学校でみられる例】

①不注意の問題

　注意が散漫で忘れ物やケアレスミスが多くみられます。また，先生の話に集中できず，指示に従えない，他のことに注意をとられ，課題を終わらせることができないなどの行動がみられることがあります。

②衝動性・多動性の問題

　思いついたことはすぐに行動に移し，待つのが苦手です。そのため，順番を守れず，友達とトラブルになることもあります。また，離席行動やつねに身体の一部を動かしている，あるいは過度にしゃべりすぎるなどの行動がみられることもあります。

第Ⅱ部　実践・事例編

（3）学習障害（LD：Learning Disabilities または Learning Disorders）

　学習障害はLDと略されることが多いのですが，教育領域の Learning Disabilities を意味するのか，医学領域の Learning Disorders を意味するのかによって，その範囲が異なることには注意が必要です。「基本的に全般的な知的発達に遅れはない」とする点は共通していますが，医学領域では，読字障害・書字障害・計算障害に限定した診断となるのに対し，教育領域（文部科学省の定義）では，「聞く，話す，読む，書く，計算する又は推論する能力のうち特定のものの習得と使用に著しい困難を示す様々な状態を示すものである」として6つの能力に関する困難が挙げられています。いずれの場合も全般的な知的発達に遅れがないことから，困難のある部分について "やる気がない" などの適切ではない評価を受けがちです。

【学校でみられる例】

①読字障害

　読むのが苦手で不正確である，飛ばし読みや似た文字を混同する，などがみられます。

②書字障害

　漢字の偏と旁を反対に書いたり，鏡文字を書くこともあります。また，黒板の書き写しなどに時間がかかったり，文字のバランスがとりにくかったりします。

③計算障害

　簡単な計算の暗算につまずいたり，計算をするのにとても時間がかかります。また，学年相応の量を比較することや，量を表す単位を理解することが難しいこともあります。

---

❸　発達障害を背景とした困難への対応をめぐって

　発達障害の可能性を含め，学校生活や学習上の困難が大きい場合，教員は子どもへの働きかけだけでなく，保護者との連携を模索することになります。その際，担任として個人で対応するだけでなく，学校全体での取り組みや専門機関との連携も視野に入れる必要があります（図10-4）。

　図10-4では，出発点は教員もしくは保護者の "気づき" ですが，教育相談の場面では，子ども自身からの相談を契機として支援が始まることもあります。なお，保護者からの相談であっても，子どもたちからの相談であっても，教員は，あらためて子どもを理解するためのアセスメント（情報収集と分析）を行い，支援の優先順位を決め，具体的な目標達成に必要な機関と支援内容を決めていくことになります。この場合の支援について，"特別な" 支援と考えることもできますが，もともと "特別" 支援教育とは，障害の有無にか

92

第10章　発達障害のある児童・生徒への対応（1）

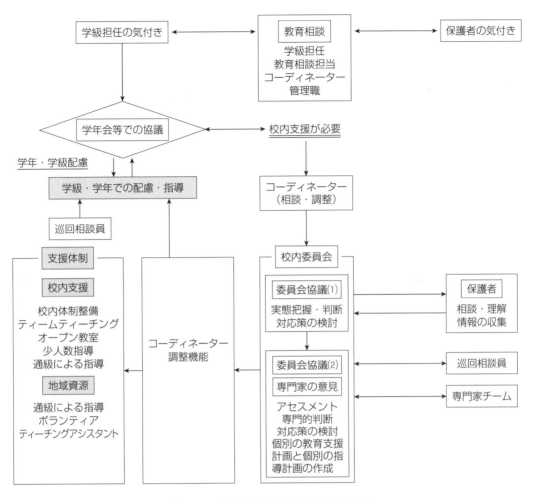

図10-4　支援に至るまでの一般的な手順

（出所）　文部科学省　特別支援教育について　第3部　学校用（小・中学校）（http://www.mext.go.jp/a_menu/shotou/tokubetu/material/1298167.htm）

かわらず，支援を必要とするすべての児童・生徒を対象とするものです。この点では，開発的教育相談の対象者がすべての児童・生徒であることと同様です。特別支援教育での支援は，障害のある子どもたちにとっては必要なものですが，障害がない子どもたちにとっても役立つものです。[3]

---

(3)　発達障害の多岐にわたる困難に関する具体的な対応例や国の施策などについては，下記の団体のウェブサイトが参考になります。発達障害を理解するための基本的な情報，具体的な支援方法や活用可能な教材・支援機器などについて最新の情報を収集，発信しています。
①国立特別支援教育総合研究所　発達障害教育情報センター
②発達障害情報・支援センター

93

第Ⅱ部　実践・事例編

> ## 情報収集のポイントを整理してみよう

　子どもたちの困難のアセスメントのために，教員はどのような情報を収集することが必要でしょうか？

表10-1　主な発達障害の定義について（文部科学省）

自閉症の定義（Autistic Disorder）
（平成15年3月の「今後の特別支援教育の在り方について（最終報告）」参考資料より作成）
　自閉症とは，3歳位までに現れ，①他人との社会的関係の形成の困難さ，②言葉の発達の遅れ，③興味や関心が狭く特定のものにこだわることを特徴とする行動の障害であり，中枢神経系に何らかの要因による機能不全があると推定される。

高機能自閉症の定義（High-Functioning Autism）
（平成15年3月の「今後の特別支援教育の在り方について（最終報告）」参考資料より抜粋）
　高機能自閉症とは，3歳位までに現れ，①他人との社会的関係の形成の困難さ，②言葉の発達の遅れ，③興味や関心が狭く特定のものにこだわることを特徴とする行動の障害である自閉症のうち，知的発達の遅れを伴わないものをいう。
　また，中枢神経系に何らかの要因による機能不全があると推定される。

学習障害（LD）の定義（Learning Disabilities）
（平成11年7月の「学習障害児に対する指導について（報告）」より抜粋）
　学習障害とは，基本的には全般的な知的発達に遅れはないが，聞く，話す，読む，書く，計算する又は推論する能力のうち特定のものの習得と使用に著しい困難を示す様々な状態を指すものである。
　学習障害は，その原因として，中枢神経系に何らかの機能障害があると推定されるが，視覚障害，聴覚障害，知的障害，情緒障害などの障害や，環境的な要因が直接の原因となるものではない。

注意欠陥／多動性障害（ADHD）の定義（Attention-Deficit/Hyperactivity Disorder）
（平成15年3月の「今後の特別支援教育の在り方について（最終報告）」参考資料より抜粋）
　ADHDとは，年齢あるいは発達に不釣り合いな注意力，及び／又は衝動性，多動性を特徴とする行動の障害で，社会的な活動や学業の機能に支障をきたすものである。
　また，7歳以前に現れ，その状態が継続し，中枢神経系に何らかの要因による機能不全があると推定される。

※**アスペルガー症候群**とは，知的発達の遅れを伴わず，かつ，自閉症の特徴のうち言葉の発達の遅れを伴わないものである。なお，高機能自閉症やアスペルガー症候群は，**広汎性発達障害**に分類されるものである。

（出所）　文部科学省　特別支援教育について　主な発達障害の定義について（http://www.mext.go.jp/a_menu/shotou/tokubetu/004/008/001.ntm）

第10章　発達障害のある児童・生徒への対応（1）

コラム　特別支援教育にかかわるキーワード

（1）特別支援教育コーディネーター

「特別支援教育の推進について」（文部科学省通知：平成19年4月）において，各学校の校長は，特別支援教育のコーディネーター的な役割を担う教員を「特別支援教育コーディネーター」に指名し，校務分掌に明確に位置付けることとされました。

なお，小・中学校並びに特別支援学校の特別支援教育コーディネーターには，それぞれ次のような役割が期待されます。

小・中学校の特別支援教育コーディネーター

　①校内の関係者や関係機関との連絡調整

　②担任・児童生徒・保護者に対する相談窓口

　③校内委員会の推進並びに巡回相談，専門家チームとの連携

特別支援学校の特別支援教育コーディネーター

　小・中学校の特別支援教育コーディネーターの役割①〜③に加えて

　④小・中学校への支援

　⑤地域内の特別支援教育の核として関係機関とのネットワークの構築並びに連絡調整

（出所）　文部科学省　特別支援教育について　資料3　特別支援教育コーディネーター養成研修について（http://www.mext.go.jp/a_menu/shotou/tokubetu/material/1298211.htm）などを参考に作成。

（2）特別支援教育支援員

特別支援教育支援員は，小・中学校において校長，教頭，特別支援教育コーディネーター，担任教員と連携の上，次のような役割が想定されます。

---

①基本的生活習慣確立のための日常生活上の介助

②発達障害の児童生徒に対する学習支援

③学習活動，教室間移動等における介助

④児童生徒の健康・安全確保関係

⑤運動会（体育大会），学習発表会，修学旅行等の学校行事における介助

⑥周囲の児童生徒の障害理解促進

（出所）　文部科学省（2007）「特別支援教育支援員」を活用するために（http://www.mext.go.jp/a_menu/shotou/tokubetu/material/002.pdf）

引用・参考文献

鈴木彰典（2013）自閉症児と特別支援教育　そだちの科学，第21巻，pp. 68-71.

第11章

発達障害のある児童・生徒への対応（２）
——発達障害を背景とする児童・生徒の理解——

ねらい ─────────────────────────────
◆ 発達障害を背景とした相談における基本的な姿勢と対応について学ぶ。
─────────────────────────────────

1　困難への気づき

　発達障害に関しては，いくつかの障害が重複することがあるため，保護者から伝えられた障害名にかかわらず，それぞれの児童・生徒の特徴を把握することが大切です。また，発達障害は周囲の子どもたちの理解や教材の工夫，環境の整備，そして，本人の努力などによって困難が軽減される可能性があることを理解し，そのための具体的な方法を保護者との連携のもと，学校全体で考える必要があります。とくに，中学校・高校など教科毎に先生が変わる場合でも必要な支援は一貫して受けられるように情報を共有することが大切です。

　また，発達障害の診断の有無にかかわらず，困っている子どもたちの課題を明らかにし，支援の対応策を考えることはすべての教員に求められます。ここでは，発達障害をキーワードとする教育相談活動において留意すべき点を整理しておきましょう。

（1）困難は誰にでもある

　表11-1は，文部科学省が2012年に行った「通常の学級に在籍する特別な教育的支援を必要とする児童・生徒」に関する調査で用いられた項目の一部です（巻末資料も参照）。これらの項目のうち，いくつかは自分にも当てはまると感じる人がいるかもしれません。また，これらの項目に当てはまる過去のクラスメートなどを思い出す人もいるでしょう。気をつけなくてはならないのは，この当てはまり感です。発達障害児と定型発達児との境目は明確ではありません。医師であっても診断に悩むケースがあるほどです。

　発達障害の診断は医師によるのであって，教員は子どもたちの困難を障害と安易に結びつけることは避けなくてはなりません。その一方で，教員の知識不足から，障害を背景として困っている子どもたちに対して，具体的な対応策を講じることなく，「努力すればできる」「やる気が大切だ」と本人の努力にのみ期待する態度は適切とはいえません。

　また，表11-1の困難を背景に，保護者から寄せられる相談にはどのようなものがある

97

第Ⅱ部　実践・事例編

表11-1　「通常の学級に在籍する発達障害の可能性のある特別な教育的支援を必要とする児童生徒に
　　　　関する調査」（2012）で用いられた項目（一部）

■学習面（「聞く」「話す」「読む」「書く」「計算する」「推論する」）
・聞き間違いがある（「知った」を「行った」と聞き違える）
・個別に言われると聞き取れるが，集団場面では難しい
・話し合いが難しい（話し合いの流れが理解できず，ついていけない）
・適切な速さで話すことが難しい（たどたどしく話す。とても早口である）
・思いつくままに話すなど，筋道の通った話をするのが難しい
・初めて出てきた語や，普段あまり使わない語などを読み間違える
・文中の語句や行を抜かしたり，または繰り返し読んだりする
・読みにくい字を書く（字の形や大きさが整っていない。まっすぐに書けない）
・独特の筆順で書く
・計算をするのにとても時間がかかる
・学年相応の量を比較することや，量を表す単位を理解することが難しい（長さやかさの比較。「15cmは
　150mm」ということ）
・学年相応の図形を描くことが難しい（丸やひし形などの図形の模写。見取り図や展開図）
・事物の因果関係を理解することが難しい
・早合点や，飛躍した考えをする

■行動面（「不注意」「多動性－衝動性」）
・学業において，綿密に注意することができない，または不注意な間違いをする。
・手足をそわそわと動かし，またはいすの上でもじもじする。
・課題または遊びの活動で注意を集中し続けることが難しい。
・教室や，その他，座っていることを要求される状況で席を離れる。
・直接話しかけられたときに聞いてないように見える。
・指示に従えず，課題や任務をやり遂げることができない。
・「じっとしていない」，またはまるで「エンジンで動かされているように」行動する。
・課題や活動に必要なものをなくしてしまう。
・質問が終わる前に出し抜けに答え始めてしまう。
・順番を待つことが難しい。
・日々の活動で忘れっぽい。

■行動面（「対人関係やこだわり等」）
・他の子どもは興味を持たないようなことに興味があり，「自分だけの知識世界」を持っている
・特定の分野の知識を蓄えているが，丸暗記であり，意味をきちんと理解していない
・含みのある言葉や嫌みを言われても分からず，言葉通りに受けとめてしまうことがある
・会話の仕方が形式的であり，抑揚なく話したり，間合いが取れなかったりすることがある
・とても得意なことがある一方で，極端に不得手なものがある
・いろいろな事を話すが，その時の場面や相手の感情や立場を理解しない
・共感性が乏しい
・周りの人が困惑するようなことも，配慮しないで言ってしまう
・友達と仲良くしたいという気持ちはあるけれど，友達関係をうまく築けない
・球技やゲームをする時，仲間と協力することに考えが及ばない
・動作やジェスチャーが不器用で，ぎこちないことがある
・ある行動や考えに強くこだわることによって，簡単な日常の活動ができなくなることがある
・自分なりの独特な日課や手順があり，変更や変化を嫌がる

（出所）文部科学省（2012）通常の学級に在籍する発達障害の可能性のある特別な教育的支援を必要とする児童
　　　生徒に関する調査結果について（http://www.mext.go.jp/a_menu/shotou/tokubetu/material/1328729.htm）

第11章　発達障害のある児童・生徒への対応（2）

表11-2　保護者からの相談（例）

■**学習面**（「聞く」「話す」「読む」「書く」「計算する」「推論する」）
- 私の話を聞き間違うことが多くて心配です。
　そのせいか，会話の流れについていけないように感じることも時々あります。
- 文字を書くのが苦手で，宿題を終えるのにものすごく時間がかかります。
　練習しても漢字がなかなか覚えられなくて本人も困っているようです。

■**行動面**（「不注意」「多動性－衝動性」）
- 忘れ物が多く，机の整理整頓ができません。何度言っても片付けられないんです。
　必要なプリントも学校においてきてしまうので，困っています。
- とにかく，落ち着きがないんです。それに周りをよく見ないで行動するので，物を壊したり……。この間
　は突然，道路に飛び出してびっくりしました。

■**行動面**（「対人関係やこだわり等」）
- お友達の気持ちを察することが苦手なようで，相手を怒らせることがあるようです。
　家で注意しているんですが……。お友達の数が少ないのも気になっています。
- いろいろなことを知っていて，その点はすごいなと思うのですが，一方的な話で終わることが多く，会話
　が続かないんです。

でしょうか。表11-2の例を参考に考えてみましょう。

（2）発達障害の診断・告知・開示

　発達障害は，目に見えない障害といわれることもありますが，本人が困難に気づいていない場合がある一方で，他の子どもと比較してできない自分に，また，努力してもうまくいかないことが多い自分に不安や失望などさまざまな気持ちを感じていることも少なくありません。

　では，保護者はどうでしょうか。学齢期の子どもたちの診断に関しては，保護者の思いも深くかかわってきます。診断を受けるかどうか，また，診断を受けたとしても障害を子どもに伝える（告知する）かどうかに関する保護者の思いはさまざまです。子どもに告知しない理由も一つではありません。

【子どもに告知しない理由】
①年齢的に十分に理解できると思えないから
②困難に「どのように取り組むか」を伝えることの方が大切だと思ったから
③障害名を伝えることで，「自分はダメだ」と思ってほしくないから
④障害名よりも特性の理解を優先させたいから……など

　さらに，診断を受けた保護者は，学校に伝える（開示する）かどうかについても迷います。診断があっても，保護者は必ずしも学校に開示するとは限りません。その一方で，積

第Ⅱ部　実践・事例編

極的に学校に開示しようとする場合もあります。

> 【学校に開示しようと考えた理由】
> ①子どもの特性について理解してほしかったから
> ②いじめに関する心配があったから（いじめの問題があったから）
> ③学習面や生活面での具体的な配慮が必要だったから
> ④自己評価が低下することを危惧したから（「できないこと」ではなく，「できること」を伸ばすことを考えてほしかったから）

　開示しようと考えた保護者の意見をみるといずれも学校側に具体的な対応を期待していることがわかります。また，上記とは別に，教員に期待することとして，「具体的な支援の方法を教えてもらいたい」という意見が挙げられました。一方で，「教員が適切に対応できると思わなかった」ことを理由に開示しないことを選択するケースもあります。

　また，教員にしてほしくなかったことに関しては，「教員の知識不足による不適切な対応」があります。たとえば，開示したけれど，「障害を否定されるケース（できないのは本人の努力が足りないせいだと言われた）」や「具体的な手立てのないままの励ましでおわるケース（もっと頑張らせてください。できるようになりますよ）」なども報告されています。

　教育相談の場面では，こうした保護者の思いを理解した上で，いつ，どのように告知していくことが子どもにとって適切かをともに考える姿勢が大切です。併せてどのような具体的な支援ができるのかについてもしっかりと伝えられるように十分な知識を備える必要があります。なお，子どもの困難にだけ注目するのではなく，保護者とともに，「できること」「得意なこと」についても積極的に評価していく視点が大切です。

2　周囲の理解

　開示の問題をめぐっては，周囲の子どもたち・保護者の理解とも関係します。本人に告知し，また，学校に開示したケースであっても，クラスの友達や保護者にまで開示するかどうかは，あらためて本人並びに保護者と相談する必要があります。相談の結果，開示することが選択された場合は，①具体的にどのような説明をするのか，②誰が説明するのか，③他の子どもたちや保護者からどのような質問があるのか（それにどのように答えるのか），などについてさらに相談を深め，相互に納得できる案を用意します。

第11章　発達障害のある児童・生徒への対応（2）

　たとえば，他の子どもたちから「自分も○○が苦手だけど，発達障害なの[1]？」「発達障害は治らないの[2]？」「○○くんだけ特別扱いされるのはずるくない？」などの質問があった場合，皆さんならどのように答えますか？　とくに，支援をめぐっては，必要な支援であっても「特別扱いは差別だ」という意見を聞くことがあります。こうした意見については，障害理解を深めるための教育が重要になります。また，発達障害に関する理解を深める一連の活動は，「他者との違いを認め，互いに支え合う人間関係を築くための活動（開発的教育相談）」の要素も含みます。

　一方，開示しないことが選択された場合であっても，具体的な支援の方法について考える姿勢に変わりはありません。

事例検討を通して理解を深める

　事例を読み，シートの流れにそってお互いに意見を交換します。意見を交換する中で，発達障害に関する知識がなければ，十分に議論を深められないという点についてはメモなどに残し，後で調べるようにしましょう。

■課題の進め方
　(1)事例を読む：それぞれの気持ちについて考え，シートに記入します。
　　①太郎くんの気持ち
　　②保護者の気持ち
　　③クラスメートの気持ち
　(2)教員としての対応について考え，シートに記入します。
　(3)グループを作る
　　4人から5人で一つのグループを作ります。
　(4)メンバーの自己紹介（太郎くん・保護者・クラスメートの気持ちについて簡単に述べる）
　(5)意見交換
　　テーマにそって，グループのメンバーが各自，積極的に意見を述べるように心がけてください。メンバー全員が話し合いに参加できる雰囲気を作るとともに，意見を発表していないメンバーがいないように気をつけてください。

（1）　「苦手がある」＝「障害」ではない。障害については，検査などを含め，医師が総合的に診断するものである。
（2）　発達障害では，困難が目立たなくなることはあるが，それは，本人の頑張りと周りの友達の理解や支えによってである（本人の頑張りだけを期待する回答にならないように注意する）。

第Ⅱ部　実践・事例編

事例

太郎くんについて

　中学1年生。小学校3年生のときに，広汎性発達障害の診断を受けているが，本人には告知していない。

　学業面では，数学や理科が得意。国語の読解問題を苦手としているが，他の教科を含め，成績は標準の範囲内。

　保護者は，クラスメートの理解を求めてはいるものの，障害について開示することは望んでいない（学校には開示している）。

他の生徒とのかかわり

　新学期が始まって1ヶ月が経ち，クラス内では，グループが固まりつつある。太郎くんはいずれのグループにも属していない。

　たまにクラスメートと話しているが，相手の反応に困惑が見られることも少なくない。太郎くんは，話したいことがあると一方的に話すことが多く，相手の気持ちなどには関心が向きにくい。

　また，非常にまじめでルールや規則は厳格に守ろうとする。ただし，自分が守ろうとするだけでなく，違反している生徒がいると必ず注意し，相手が無視したり，そのままの行動を続けているとやめるまで注意を続ける。ときにはひどく怒っている場面もみられる。

　最近では，太郎くんが話しかけても無視する生徒が多くなっている一方で，太郎くんが必ず注意するのをおもしろがって，わざと注意させ，怒る様子を楽しむような行動をする生徒もみられる。

相談のきっかけ

　太郎くんは，朝，体調不良を訴えることが多くなり，欠席回数が増えている。太郎くんは言わないが，いじめられているのではないかと不安である。また，このままでは，不登校になるのではないかと心配していると相談があった。

第11章　発達障害のある児童・生徒への対応（2）

（1）事例を読んだときに感じたこと，考えたことをまとめてください。

太郎くんの気持ち：

例）クラスメートについて

保護者の気持ち：

例）いじめについて

クラスメートの気持ち：

例）太郎くんが話しかけても無視することについて

例）太郎くんに注意させようとすることについて

（2）担任の教員として，どのように対応するかを考えてください。

第Ⅱ部　実践・事例編

（3）教員として，太郎くん・保護者・クラスメートにどのように対応するのかについて，意見を交換します。意見交換が終了したら，話し合いを踏まえて，できるだけ具体的に，たとえば，どのような言葉がけをするのか，あるいは対応をするのかをまとめてください。

①太郎くんに対して

②保護者に対して

③クラスメートに対して

課題を通しての振り返り

他のメンバーとの意見交換を通して，感じたこと，考えたことについて自由に記述してください。

第12章

保護者を対象とした教育相談（1）
──保護者対応の重要性とポイントの理解──

ねらい

◆ 教育現場における保護者対応の重要性と視点を理解する。

◆ 保護者からの相談の本質を理解する。

■ 保護者の「声」

「学校教育に対する保護者の意識調査」（ベネッセ教育総合研究所・朝日新聞社, 2018）によると, 8割以上の保護者が学校に満足していると回答しています（図12-1）。また, 2004年の調査と比較して, 2018年の調査では, その満足度の割合が増えていることがわかります。2018年の小学校における「とても満足している」「まあ満足している」の割合が, 小学校で86.8%, 中学校では77.8%と, 2004年に比べてみると, 小学校で, 約9.2ポイント, 中学校では, 約13.9ポイントの増加がみられます。こうした結果から, 学校と保護者との関係はおおむね良好になってきていると考えられます。

しかし, 一方で, いじめや, 発達に課題のある児童・生徒, あるいは不登校児童・生徒に対する教員の対応がメディアなどで問題として取り上げられることもあります。2018年の調査では, 「学校にあまり満足していない（11.8%）」, 「まったく満足していない（1.5%）」と回答している保護者もいることから, いったん子どもが学校において何かしらの課題や問題を示したときには, 教員としての誠実な対応が問われることには変わりはありません。不測な事態が起こったとき, どのように対応すればよいのかを学校内でマニュアルを作成したり, 日々の職員会議の中で共有しておくことによって, その場面に応じた適切な対応が可能になると考えられます。ほぼ8～9割の保護者が学校に満足しているとはいえ, 残りの1～2割の保護者にも満足してもらうために, 教員の保護者を捉える視点や姿勢を今一度, 内省しておくことが求められます。

■ 保護者からの相談の本質を見抜く

教員は子どもを育てる専門家だと認識されています。同様に, 保護者もまた, 我が子を育てる専門家であることに違いはありません。そのため, 学校をよくしたい, 子どもに健

第Ⅱ部　実践・事例編

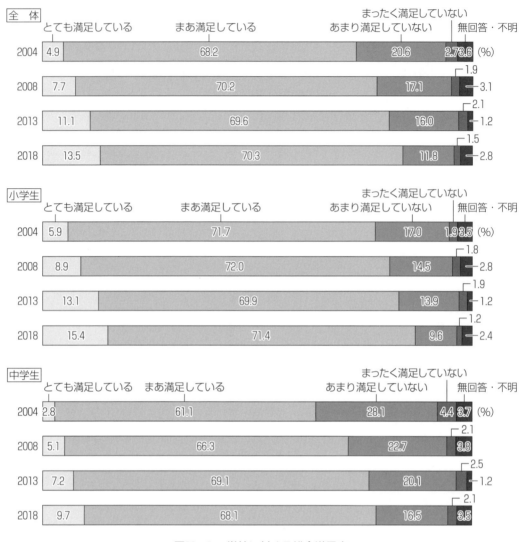

図12-1　学校に対する総合満足度

（出所）　ベネッセ教育総合研究所・朝日新聞社（2018）p.4

やかに育ってほしいと願っているのは，教員も保護者も同じなのです。たとえ，耳の痛いことであったり，教員からみれば取り上げる必要がないと思われるような小さなことであったりしても，こうした保護者の声に共に子どもを育てる者として真摯に向かいあわなくてはならないと思います。

　学校に相談に来る保護者は，何らかの要望をもっています。しかし，内容が具体的でない場合，教員からみれば「話に脈略がない」，「いったい何を伝えに来ているのか」とその本質が読み取れないこともあります。先入観により「また苦情を言いに来たのか」と受け取る場合もあるでしょう。保護者が不安や焦り，混乱や怒りを抱えていた場合は，教員の側も精神的に動揺してしまい，保護者の訴えの内容を的確につかむことが難しくなり，対

第12章　保護者を対象とした教育相談（1）

立してしまう可能性もあります。そのため，保護者の話を最後まで聴き，学校としてどのように対応していけばよいのかについて冷静に判断することが重要です。それには，保護者の訴えに先入観や嫌悪感をいだかず，その本質を見抜き，解決にむすびつけることができるよう，保護者の話に耳を傾ける姿勢を身につけなくてはなりません。

　保護者からの相談には，教員の成長にとっても重要な内容が含まれていることも少なくありません。真摯に向き合う姿勢が大切です。「子どもを育てる」という共通の目標を見失わないことが大切です。

❸　「モンスターペアレント」という言葉がもたらす弊害

　近年，文部科学省をはじめ，多くの地方自治体によって，保護者対応のマニュアルが作成されており，保護者の対応に苦慮する教員が増えてきたことがわかります。「モンスターペアレント」という言葉を聞いたことがあるかもしれません。学校に対して，理不尽な要求や無理難題，非難などを繰り返す保護者を指してよく使われるようになった言葉です。しかし，保護者からの「声」をすべて「苦情」と受け取ってしまえば，その本質に気づくことなく，対立を生んだり，反対に重要な情報を得られなかったりと，解決すべき問題がみえなくなってくることもあります。こんな事例があります。

> **事例：モンスターペアレントと言われることを恐れて**
> 　「子どものことでほんとに困ってしまって，先生に相談したいと思うのだけど，『モンスターペアレント』と思われたらどうしようと考えると，言えなくなってしまって……。」
> 　佐藤さんの子どもは不登校傾向にあり，登校したりしなかったりを繰り返していました。佐藤さんは子どもの様子が心配でした。しかし，家では「学校に行きなさい」と強く言わないようにしていました。そしていつか子どもが自分の力で毎日学校に行けるまで見守っていこうと決めていました。
> 　そんなある日，学校から帰ってきた子どもが，「あのね，お母さん，学校に行った日にはいつも先生が『どうして休んでるの?』，『何がしんどくて来られないの?』って聞くんだけれど，『どうして?』とか，『何が?』っていうのが自分でもわからないから，答えられない。それがしんどくなるから，もう学校に行きたくなくなった」と言ったそうです。お母さんにしてみれば，何とか少しずつでも学校に行けているのに，先生の言葉かけのせいでまったく学校に行けなくなったらどうしようと不安になってしまいました。そのため，先生に，「どうして?」「何が?」という子どもに対する声かけを控えてもらいたかったのですが，連日TVで話題になっている「モンスターペアレント」と思われたらどうしようという思いが強く，言えなかったそうです。結局，子どもは学校に行かなくなってしまいました。

107

第Ⅱ部　実践・事例編

　この事例からどのようなことが読み取れるでしょうか。まず、「モンスターペアレント」という言葉がその内容を明らかにしないままに、私たちの生活に入り込んでいるため、学校と家庭との連携が機能せず、学校にとっても重要な情報を得る機会を失っていることに気づく必要があります。

　実際、この事例では、教員の対応が不適切というよりは、むしろ、教員と子ども、教員と保護者との関係がうまくいっていなかったと考えた方が理解しやすいと思います。たとえば、教員の声かけに対して、具体的に答えることができる子どもであれば、教員はその思いに適切に対応することができるでしょう。

　また、そのための情報収集をしているのだと考えれば、教員の声かけが「不適切」とは言い切れません。この事例のお母さんは、「モンスターペアレント」という言葉にこだわってしまったばかりに、教員への相談を避け、子どもが不登校に陥ってしまったと考えることもできます。こうしたことから、この「モンスターペアレント」という言葉はかなり慎重に扱われなくてはならない言葉といえるでしょう。たとえば、「モンスターペアレント」という言葉を「子どもを一生懸命育てようとしている保護者」と捉えるとどうでしょうか。そう捉えたとき、保護者の話は少し違って聞こえてくるはずです。いずれにしても、学校と家庭、教員と保護者との距離があまりに遠いと、子どもを育てていくという共通の目的が実現しにくいことがあります。実現するためには家庭と学校との「連携」がもっとも大事なことになります。

４　保護者対応についての事例検討（1）：ロールプレイ

　次の事例を読んで、ロールプレイをしてみましょう。教員役、保護者役、観察者役それぞれを体験し「振り返りシート」に記入してください。

翔くん（中学１年生男子）のお母さんの相談
背景：翔くんは地元の小学校を卒業後、公立の中学校に入学しました。中学校に入学した当初から「頑張って勉強して、将来はエンジニアになりたい」と目的をもって勉強に励んでいました。そんな翔くんをお母さんは嬉しく思っていました。ところが、２学期になり、「学校に行きたくないなあ」というようになりました。理由を尋ねたところ、「なんかクラスの友達が幼すぎて付き合いきれない」ということでした。翔くんは幼いころから、正義感が強く少し大人びたところのある子どもでした。兄弟がおらず、大人の中で育ってきたので、そういう面があるのだろうとお母さんは思っていました。お母さんからみれば、その部分はけっして悪い性格ではないと思えましたが、「クラスでうまくいってないのかなあ」、「クラスで浮いているんだろうなあ」と心配もしていました。ある朝、翔くんを起こしにいったところ、「もう学校には行かない」、「クラスの友達や先生とも話もしたくない」と布団をかぶっ

て部屋から出てきません。お母さんは何かあったのかとその理由を聞いてもはっきりとはわかりません。しかし，それまでの翔くんの話からなんとなく理由がわかったような気がしました。そこで，担任の先生に相談にいくことにしたのです。

◆ ロールプレイをはじめる前に：事例をよみとる視点の整理
（1）保護者は翔くんの思いをどう受け止めているでしょうか。
（2）保護者は教員にどのようなことを理解してほしいと考えているでしょうか。

お母さん：うちの子どもは筋が通らないことや，理不尽なことに過剰に反応して反抗することがあります。本人なりに理由があったりもするんだと思うんですけど，そこが理解されにくいんでしょうか……。

教員：……（対話を続けてください）

引用・参考文献
ベネッセ教育総合研究所・朝日新聞社（2018）「学校教育に対する保護者の意識調査2018」ダイジェスト　ベネッセ教育総合研究所

第Ⅱ部　実践・事例編

ロールプレイ・振り返りシート

Q1. それぞれの役割で体験した内容を振り返り，工夫した点やロールプレイ中の気持ちなどについてまとめてください。

■**教員役として**

①話し合いの中で，翔くんのお母さんの思いをどう受け止めたか。

②翔くんのお母さんとの話し合いを通じて感じたこと・考えたこと。

■**保護者役として**

①翔くんのお母さんを演じるにあたり，どのような点を意識したか（どのような点が難しかったかなどを含む）。

②教員役との話し合いを通じて感じたこと・考えたこと。

第12章　保護者を対象とした教育相談（1）

■観察者役として
　　→①〜⑥については，話し合いの中で気づいた点をメモします。

①アイコンタクト

②姿勢

③表情

④声の調子

⑤話し合いの中で鍵となる会話や態度

⑥保護者役・教員役の様子について

⑦観察者役として感じたこと・考えたこと。

Q2. ロールプレイ全体を通じて，感じたこと，あるいは印象に残ったことを自由に書いて
　　ください。

111

第13章

保護者を対象とした教育相談（2）
──保護者対応の基本的な流れと具体的な事例の検討──

ねらい ──────────────────────────────────

◆ 学校における保護者対応の基本的な流れを理解する。

◆ 相談内容の多様性とその対応について理解する。

◆ 他機関との連携について学ぶ。

───

1 保護者対応の基本的な流れ

　保護者からの相談に関しては，まず初期対応が重要になってきます。初期の学校側の対応が適切でなければ，対立したり問題がこじれたり長期化することが少なくありません。ここでは，教員がもつ先入観や相談に対しての嫌悪感を排除して，真摯に訴えに耳を傾ける姿勢が重要です。次に挙げた事例は初期対応につまずき保護者との話し合いが長期化したものです。

　ある日，中学2年生の女子（ゆうこさん）の保護者から学校に電話がありました。電話を受けた教員は他の学年の教員であったため，ゆうこさんのことは廊下で見かけるくらいであまりよく知りませんでした。保護者の相談内容は，「最近，ゆうこがクラスメート数人と夜中に出歩くようになり心配である。ゆうこを含め，夜中に呼び出すクラスメートや保護者にも学校から指導をしてほしい」というものでした。電話を受けた教員は，「ゆうこさんは髪の毛も染めているし，スカートの丈も短いし，もともと非行傾向のある子じゃないか。夜中に呼び出されたとしても，そのまま出かけさせる家庭の方がおかしいんじゃないか」と不快に感じました。そのため，電話での応対も事務的なものになり，「また，担任に伝えておきます」と答え，そのまま電話を切りました。応対した教員は他の業務に追われていたことと，ゆうこさんの保護者の相談をそれほど大きな問題とは捉えていなかったので，担任に伝えるのを忘れてしまいました。その後，2週間ほどたって，ゆうこさんと数名のクラスメートが家出をしてしまったという報告がありました。ゆうこさんの保護者は連日のように来校し，「電話で相談したとき，すぐに対応してくれたら，こんなことにはならなかった。ちっとも親身になってくれなかった。子どもに何かあったら学校はどうしてくれるのだ」と訴えました。学校は謝罪することしかできませんでした。結局この訴えは，ゆうこさんたちが無事に保護されるまでの3ヶ月の間続きました。

第Ⅱ部 実践・事例編

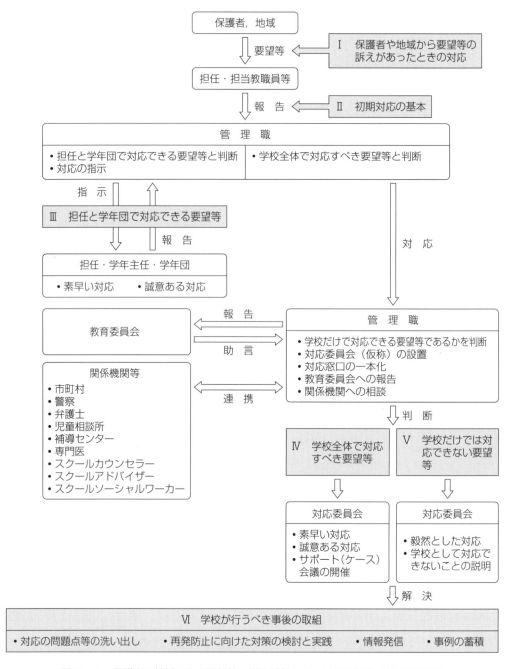

図13-1 保護者や地域からの要望等へ学校が行うべき対応の基本（対応の流れ）

（出所）徳島県教育委員会いじめ問題等対策企画員室　信頼される学校づくりのために
（http://www.tokushima-ec.ed.jp/education_document/student_guidance/pdf/shinrai.pdf）

第13章　保護者を対象とした教育相談（2）

　この事例のどこに問題があったのでしょうか。まず，対応した教員がゆうこさんに対する先入観から保護者の相談を軽視したこと，そのため，保護者の相談に心を寄せることができなかったこと，担任や他の教員に伝えるのを忘れてしまったことが考えられます。どうしてこういうことが起こってしまったのでしょうか。この教員に関して言えば，保護者から相談を受けたときに自分がどうすればよいのかについてわかっていなかったと考えられます。ここで，相談を受けたときの対応についての例を挙げます。

　図13-1をみてもわかるように，保護者や地域住民からの相談に対して，最初に電話を受けた教員や最初の来訪時に応対した教員は一人で対応するのではなく，相談内容に応じて，組織的に連携しながら対応することが重要です。たとえ，担当者が明確な場合でも，対応した内容を学年や学校全体で把握しておくことは，他の担当者が対応しなければならない事態が発生したときや次に同様の問題が発生したときに参考になります。

　また，保護者は悩み苦しんだ末に学校に相談にくることが少なくありません。対応した教員が「そんなことか」，「またか」といった態度で接しては，保護者を傷つけることになります。誠実な態度で，保護者の悩みに寄り添い，保護者の声を傾聴する姿勢が重要です。教員と保護者が対立してしまうと一番困るのは「子ども」です。たとえ，相談内容が今まで何度も繰り返されたものであったり，教員の立場からは同意できない内容であったりしても，相談をしたいという保護者の思いの中に，重要な点が含まれていないか，つねにその可能性を考える必要があります。丁寧に保護者の声を聴いていくことは，その本質を理解する上でとても大切なことといえます。

2　相談の多様性の理解

　保護者からの相談にはどのようなものがあるでしょうか。いくつかの事例を通してその多様性について考えてみましょう。

（1）事例1：教員の教え方についての助言
　保護者の中には，教員の経験者がいます。教員の経験がなくても，子どもの学習の内容や進み具合が気になっている保護者は少なくありません。

第Ⅱ部　実践・事例編

　　授業参観の翌日，みほさん（中学１年生女子）の保護者から電話がありました。担任の森本先生は何かと思い電話に出たところ，「先生の教え方についてですが，もう少し工夫したほうが生徒にわかりやすいと思いましたので，お電話しました」とのことです。みほさんの保護者はかつて森本先生が担当している数学の教員をしていました。ありがたいとは思いながらも，森本先生は自分の能力のなさを指摘されたようで，素直に対応できませんでした。みほさんの保護者は森本先生の電話対応の態度から，「こんな教え方をされると受験に響きます。子どもたちがかわいそうです」と感情的になり怒って電話を切ってしまいました。

　みほさんの保護者はけっして教員に嫌味や苦情を言うために電話をしたわけではありませんでした。先生や子どもたちの役に立ちたかったのです。しかし，森本先生は自分の能力のなさを指摘されているようで不快に思ったようです。みほさんの保護者は，少しでも自分の今までの経験が役に立てばと思って電話をしたのに，その思いが通じなかったことに傷つきと怒りを覚え，本来であれば言わなくてもよい言葉を森本先生に向かって言い電話を切ってしまったのです。

（２）事例２：校則違反をめぐって

　教員は学校の校則を守ることを通じて，社会のルールや規範を身に付けさせようと考えています。しかし，中には，校則を守らせることが子どもの将来にとって価値のあることだと考えていない保護者もいます。

　　生徒指導をしている森先生が髪の毛の色を染めているみどりさん（中学２年生女子）に「黒髪に染め直してこい」と指導したところ，保護者から電話があり，「ひとに迷惑をかけていないのだから，染め直す必要がどこにあるんだ。ほうっておいてくれ。学校は勉強だけ教えていたらよいのだ。つまらないことに時間を使うな」と言われました。

　みどりさんの保護者は，頭髪の色は個人の嗜好の問題であって学校が干渉することではないと考えています。また，頭髪指導をするよりも勉強を教えることに時間を割くよう教員に求めています。学校は生徒にとって，学習だけではなく，社会性を身に付ける場所でもあるとは考えていないのです。

（３）事例３：担任との関係について

　保護者は子どもが学校についての不満を口に出すと，実際に学校での子どもの様子を見ていないため，子どもの訴えを真実だと思い込んでしまいがちです。また，子どもの状態が不安定になると，自分がなんとかしてやらなければならないと思いつめてしまいます。

116

第13章　保護者を対象とした教育相談（2）

> 　あつしくん（中学 1 年生男子）は 2 学期になり不登校気味になりました。朝になると体調が悪くなり学校を休んでしまいます。保護者が理由を尋ねたところ「担任とうまくいっていない」とのことでした。翌日，保護者が学校を訪ねてきて，教頭に「うちの子どものクラスの担任を代えてください。そうでないと，子どもが不登校になってしまいます」と訴えました。

　子どもが不登校気味になる原因は複雑で多様です。しかし，あつしくんの保護者は，子どもの言葉から担任に問題があると考えました。保護者の不安が強い場合，学校側からみると無理難題と思えるような相談もあります。

（4）事例 4 ：いじめについて

　子どもが自分から「いじめられている」と言わないときでも，日頃の様子や，服装の乱れなどから保護者は自分の子どもがいじめられているのではないかと不安になります。近年はいじめによる痛ましい事件が跡を絶たないため，取り返しがつかないことになる前に子どもを守らなくてはならないと強く考えています。

> 　けんとくん（中学 2 年生男子）の保護者から，担任に電話がありました。「うちの子どものお弁当に石が入っていたり，制服が破れていることがあるのですが，いじめられてはいませんか」という訴えでした。担任の大石先生はけんとくんが快活で友人関係も良好に保っているように思っていたので，「いじめはないと思いますよ。ふざけ合っているうちに服が破れたり，ギャグで弁当に石を入れただけではないですか」と答えました。数日して，けんとくんの保護者から再び大石先生に電話があり，「他の子どもの保護者に聞いたのですが，かげでうちの子どもがいじめられているそうです。先生は何を見ているんですか。先生を教員として信頼できません」と言われました。

　けんとくんの保護者ははじめにいじめの相談を担任にしましたが，担任の返答に納得がいきませんでした。せめて，しばらくの間，子どもの学校生活の様子を観察して，実際にいじめがないかどうかを知らせてほしかったのです。そのため，PTA 活動を通して懇意にしている他の保護者に子どもの様子を聞き，いじめられていることを知り，担任に対する不信感が芽生えたといえます。

（5）事例 5 ：障害特性への配慮について

　発達障害がある子どもの保護者は，子どもが学校という集団の中でうまくやっていけるかどうかをつねに心配しています。そのため，教員が子どもの障害特性を理解し，適切に対応してくれることを望んでいます。

117

第Ⅱ部　実践・事例編

> 　りょうくん（中学1年生男子）の保護者は懇談のときに「うちの子どもは自閉症スペクトラム障害があると診断されています。2学期に入ると体育祭の練習があると聞きますが，うちの子どもは集団で何かをすることが苦手です。一人で何か他のことをしていても配慮してください」と担任に頼みました。

　りょうくんは集団で何かをすることが苦手です。小学校の運動会のときもみんなの輪の中に入れずにいました。先生はりょうくんを輪の中に戻そうとしましたが，集団が苦手なりょうくんはパニックになってしまいました。その様子をみていた保護者は特性を理解されていない光輝くんがかわいそうになったのです。そしてこの経験が中学校の体育祭を前にした今回の相談につながったといえます。

3　他機関との連携

　学校内で解決できる相談に対しては，担任，担当教職員，学年主任，学年団および管理職を含め，相談内容を共通理解した上で誠実に対応します。教育委員会や市町村の関係各課に助言や協力を求めることもあります。しかし，相談内容によっては学校で対応できない場合があり，学校外の関係機関等との連携が必要になってきます。たとえば，保護者が暴力的であったり，金品を要求したりする場合や，子どもが触法行為を行った場合は地域の補導センターや警察と連携することがあります。また，児童虐待が疑われる家庭に対しては児童相談所が介入する場合があります。子どもや親に精神的な動揺が強い場合はスクールカウンセラーや医療機関と連携します。

第13章　保護者を対象とした教育相談（2）

4　保護者対応についての事例検討（2）：ロールプレイ

　ここでは，ロールプレイを用いて，相談の場で保護者に対してどう対応すればよいかを理解していきましょう。例を参考に，対応する教員の言葉によって保護者の対応が変化することを意識してください。

〈例〉保護者（Ａ）と教員（Ｂ）の対話

Ａ：14歳になる子ども（男）が反抗的で困ってしまうのです。ちっとも言うことを聞かなくて。

Ｂ：それはしんどいことですね。どういうときに反抗されるのですか？

Ａ：たとえば，自転車通学なんで，雨の日にかっぱを着ていきなさいっていうのに，「そんなもんいるか」って。「かっこ悪い」とか言って，そのかっぱを私に投げつけたりするんですよ。

Ｂ：かっぱをよっぽど着たくなかったんですね。でも投げつけるのはちょっとね。

Ａ：まあ……，でも，私がしつこく押し付けたのを払ったっていう感じでもあるんですが。

Ｂ：そうですか。押し付けられたのを払ったのが，お母さんにとっては「投げつけられたように感じた」のですね。たぶん，他の子どもに見られたりすると恥ずかしかったのもあるんでしょうね。でも，それも子どもの成長のしるしという側面があるかもしれませんね。いまの時期はどこもそんな感じの話を聞きますね。もうしばらく様子をご覧になったらいかがでしょうか。

Ａ：そうですね。私もそんなときがあったように思います。時期なのかもしれませんね。少し気が楽になりました。

〈例〉保護者（Ａ）と教員（Ｃ）の対話

Ａ：14歳になる子どもが反抗的で困ってしまうのです。ちっとも言うことを聞かなくて。

Ｃ：たとえば，どんな反抗の仕方をするんですか。

Ａ：自分の気に入らないことがあったら，はじめは口だけだったのに，ものを投げつけたりするようになってきています。

Ｃ：親に暴力的な反抗が始まっているんですね。将来，大きな暴力につながっていかないとも限りませんし，学校や社会で何か問題を起こさなければよいのですが。

Ａ：そうなる可能性はあるんでしょうか？

Ｃ：いまの子どもは衝動性が強くて，すぐに切れてしまうところがありますからね，いまのうちに対処しておかないと大変なことになる場合が多いと聞いています。

Ａ：あら，どうしましょう。先生……，どうしたら……。

119

第Ⅱ部　実践・事例編

　保護者（A）は同じ言葉で相談を始めていますが，教員の対応によって結果が異なっています。教員（B）の場合は，保護者は「気が楽になった」と言っていますが，教員（C）の場合は，保護者に不安と動揺がみられます。教員側の対応によって，相談の内容や保護者の意識が変化することがわかったと思います。

　では，次の事例を読んでロールプレイを行ってみましょう。教員役，保護者役，観察者役それぞれを体験し，章末の「振り返りシート」に記入してください。

事例：部活での練習について

　しおりさん（中学2年生女子）はバスケットボール部に入っています。しおりさんの学校は県内でもバスケットボールが強いことで有名な中学校です。しおりさんは朝練も休日の練習も休むことなく，レギュラーになれるように頑張っていました。ある日，しおりさんの保護者から学校に電話がありました。電話の内容は，「別にうちの子どもをバスケットボールの選手にしたいわけではない。朝早くから夜遅くまで練習があり，休日も試合などで家にいることがない。家族で予定している行事にもしおりだけが参加できないことも多い。部活の練習を放課後だけに限ってほしい。朝練や休日の練習は中止をしてほしい」ということでした。しおりさんに訊くと，「朝練や休日の練習も苦にならない。もっと練習して上手になりたい」とのことでしたが，家族は納得していないようで何度も同じ内容の電話をしてきます。

背景：しおりさんは幼い頃は病弱だったといいます。一人っ子だったため，両親はしおりさんの看病や世話にかかりきりで育てたようです。小学校の高学年くらいから，病気をすることもなくなり，現在はバスケットボールに夢中です。しかしそうなると，保護者と一緒に買い物に行ったり，旅行に行ったりすることもできないほど，しおりさんは忙しくなったのです。

◆ ロールプレイをはじめる前に：事例をよみとる視点の整理

(1)しおりさんの保護者はどのような思いを抱えているのでしょうか。

(2)保護者は教員にどのようなことを理解してほしいと考えているでしょうか。

保護者：まったく，部活のやり方がおかしいんじゃないですか。プロのバスケットボール
　　　　選手になるわけじゃなし，もう少し，練習のやり方を考えてください。

教　　員：……（対話を続けてください）

コラム　教員として一番大事なこと

　「家の人が留守で鍵がなくて子どもが家に入れない」「明日学校に持っていく〇〇はどこに売っているのか」「子どもたちの投げたボールが庭に入った」「児童が万引きしているのを見た」「子どもが虐待されているのではないか」「不審な人物がいる」など，善意の情報提供もあれば苦情や相談，地域のことや個人的なこと，学校には本当にさまざまな相談や情報が寄せられます。それらは，かつてそれぞれの家庭や地域で共有が図られていたものではなかったでしょうか。今は「学校」という場が「子どもたちが学ぶ場所」というだけでなく，それ以上の役割を求められるようになっている，ということだと思います。また今という時代は大変子育てが難しい時代であると感じます。地域コミュニティの希薄化や核家族化，仕事を持つ女性が増えたことによる家族や家庭のあり方の変化，さらに学歴や能力主義による格差社会化が進んでいく中，祖父母から親へ，そして子どもへという世代間継承が困難になってきており，自分たちが当たり前だったことが今の子どもたちの状況とはまったく違うということも多く，子育てに不安を抱いている保護者も多くいます。メディアには子育てや教育に関する情報が溢れ，また生きていくことが個人の努力や責任に求められ，保護者は「子育てに失敗できない」という強迫観念にも似たプレッシャーで，学校に求めるものも多くなってきたように思います。

　学校に苦情を言う保護者を「モンスターペアレント」と呼び，面白おかしく伝えるマスコミの報道もありますが，教員として保護者のよき相談者であることは大切なことです。もちろん度が過ぎる要求もあり，気をつけなければならないこともありますが，心に留めておかなければならないことは，保護者と教員の関係に勝負はない，間には「子ども」がいるということです。子どもの姿が今の子どもの状況そのものであるように，保護者からの相談事や悩み事はコミュニティーや社会の状況を鏡のように映し出すものでもあります。ですから，教員に投げかけられたものを全て自分に対する苦情ととらえる必要はありません。不登校や発達障害，虐待や保護者の精神疾患など，学年や学校全体で対応が必要なことや，関係諸機関に繋ぐ必要のあるケースもあります。その上でまず教員として自分にできることを模索することが大事です。保護者と共に悩み考える時間を共有することで，保護者と繋がるきっかけになることが多く，チャンスととらえることもできます。若い先生は，自分より年上で人生経験のある保護者への対応に戸惑う時期もあると思いますが，同学年の教員，学年主任や教頭，校長，養護教諭，スクールカウンセラーと連携を取ることで解決することが多くあります。またその保護者をよく知っている以前の担任やきょうだいを担任した経験がある教員が，学年を超えて力になってくれるケースもあり，問題を一人で抱え込まずに広く共有することが大切です。

　教員として一番大事なことは，目の前の子どもたちとの信頼関係を築くことです。子どもは「この先生は自分にとって信頼に値する人かどうか」で教員を判断します。教員も人間ですから全ての保護者とうまくいくということは難しいですが，保護者は自分と意見が合わないことがあっても，子どもが先生を信頼している様子を感じれば「いろいろ口出ししたいことはあるけれど，先生に任せよう」と味方になってくれます。その信頼関係が教員や子ども，保護者それぞれの成長に繋がり，学級や学校がよりよい学びの場へ育っていくように思います。

（福村もえこ　元小学校教諭）

第Ⅱ部　実践・事例編

ロールプレイ・振り返りシート

Q1. それぞれの役割で体験した内容を振り返り，工夫した点やロールプレイ中の気持ちなどについてまとめてください。

■**教員役として**

①話し合いの中で，しおりさんの保護者の思いをどう受け止めたか。

②しおりさんの保護者役との話し合いを通して感じたこと・考えたこと。

■**保護者役として**

①しおりさんの保護者を演じるにあたり，どのような点を意識したか（どのような点が難しかったかなどを含む）。

②教員役との話し合いを通して感じたこと・考えたこと。

第13章　保護者を対象とした教育相談（2）

■観察者役として
→①～⑥については，話し合いの中で気づいた点をメモします。

①アイコンタクト

②姿勢

③表情

④声の調子

⑤話し合いの中で鍵となる会話や態度

⑥保護者役・教員役の様子について

⑦観察者役として感じたこと・考えたこと。

Q2. ロールプレイ全体を通して，感じたことや気づいたこと，あるいは印象に残ったこと
　　を自由に書いてください。

123

第14章
教員のメンタルヘルス

ねらい
◆ 教員のメンタルヘルスの現状について理解する。
◆ 教員のメンタルヘルス不調の背景を理解する。
◆ 連携の重要性について学ぶ。

1 教員のメンタルヘルスに関する現状と課題

　文部科学省は，「平成29年度 文部科学白書」の中で，教員の病気休職者数と，そのうちの精神疾患による病気休職者数の推移等（図14-1）について調査結果をまとめています。

　これらの調査結果からわかることは，教員の病気休職者数やそのうちの精神疾患による休職者数は，ここ数年は減少傾向にあるものの依然として高い水準にとどまっているということです。また，病気休職者数に占める精神疾患による休職者数の割合はここ数年で高くなっています。

　教員の仕事は年々複雑になり，しなくてはならない業務の質と量が変化してきています。たとえば，学校評価，教員評価，教員免許更新制の導入，学習指導要領の改訂による授業時間の増加などにより，教員の仕事は年々長時間化かつ複雑になっています。また，時代を反映し多様な価値観をもった子どもや保護者への対応に苦慮することもあります。管理職や同僚との人間関係が円滑に進まず悩む教員もいます。「不登校」や「いじめ」をはじめとするさまざまな問題を抱える子どもも増加し，突発的な出来事に対応しなければならないことも少なくありません。そして，教員も人間である以上，職場以外の場所で起こる出来事からも精神的な影響を受けます。教員のメンタルヘルス不調の要因を探るには，学校だけではなく個人として，生活している全ての「場面」からその人（教員）を理解する視点も必要です。

2 教員のメンタルヘルス不調の背景

　教員のメンタルヘルス不調の背景はさまざまです。それぞれの事例を参考にしながら具体的に考えていきましょう。

第Ⅱ部　実践・事例編

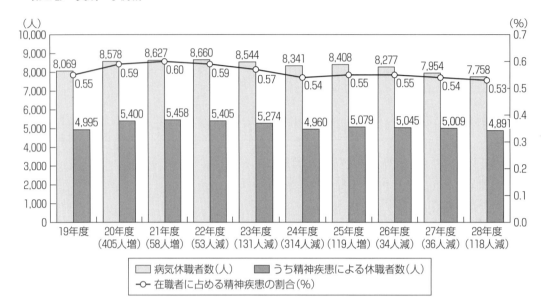

図14-1　公立学校教育職員の病気休職者数の推移

（出所）文部科学省　公立学校教職員の人事行政状況調査（平成28年度）（文部科学省（2018）より転載）

（1）藤原先生の場合：保護者対応に疲れて

保護者との連携は子どもを教育・指導する上で不可欠なものです。しかし，保護者からの理不尽な要望や教員自身が納得できない要望に対して，自分がどう対応すればよいのかわからなくなってしまうことがあります。

　　今日も五郎くん（男子）の保護者から学校に電話が入っていました。五郎くんと隣のクラスの正和くん（男子）が取っ組み合いの喧嘩をしてから3週間。保護者から担任の藤原先生に毎日電話がはいります。いろいろとしなければならない仕事がたまっているし，保育園に子どもを迎えにいく時間がいつも過ぎてしまい，寂しそうに待っている姿が目に浮かびます

が，毎日１時間以上は五郎くんの保護者の話を聴いています。保護者は，五郎くんがまた殴られるのではないかと心配で毎日電話をかけてくるのです。「今日は大丈夫でしたか」と五郎くんの一日の様子について詳細な説明を求めます。「本人同士はもう仲直りをしたので大丈夫ですよ」と言っても信じてはもらえません。しまいには，「先生が見ていなかったからこうなったんでしょう。今度同じことがあったらどう責任を取るんですか」と責められることもあります。藤原先生は誠実に対応していますが解決策も見出すことができず，放課後に「藤原先生，お電話ですよ」と呼ぶ声を聞くと心臓がドキドキするようになってきました。

　藤原先生は，五郎くんの保護者が友達との喧嘩をきっかけに学校生活に不安をもったことはわかりました。「どう責任を取るんですか」という言葉も，子どもを心配しているからだと解釈していました。しかし，連日の長時間におよぶ解決策の見出せない電話に対応することや，自分自身の子どもを犠牲にしていることへの罪悪感などから精神的に不安定になってしまったのです。

（２）北井先生の場合：教員としての無力感にさいなまれ

　教員はたとえ自分の生活を犠牲にしてまでも子どもの将来のために頑張ろうという強い思いを抱くことがあります。しかし，その理想に自分が近づけないとき，あるいは自分の思いが子どもに伝わらないとき，自分を責めてしまいがちになります。その結果，無力感に襲われることもあるのです。

　北井先生は教員になって15年経ちます。その間，いろいろな子どもを見てきました。さまざまな背景の中で非行に走った子どもも少なくありません。「家庭に問題があった」，「育った環境が悪かった」など人はいろいろな理由をつけます。しかし，かつて自分も非行傾向があった北井先生は，「一人の教員でも子どもを信じてやることができたらきっと彼らは理解してくれる」，「僕がなんとかしてやりたい」と熱い思いをもちながら子どもたちにかかわっていきました。家庭訪問で保護者の話を聴いたり，夜中に地域のコンビニやゲームセンターを巡回してまわったりしていました。自分の時間のほとんどは生徒指導に費やしていたのです。しかし，日頃から熱心にかかわっていたリーダー格の一人が喧嘩をして警察に連れて行かれたと連絡が入りました。北井先生は「いままでの自分のかかわりを子どもたちはちっともわかってくれていなかったのだ」，「自分は教員としては失格だ」と無力感にさいなまれてしまったのです。

　北井先生は，非行傾向のある子どもたちの支えになろうと熱心にかかわっていきました。自分の思いがきっと子どもたちに伝わると信じていたのです。しかし，子どもの一人が警察に連れて行かれたという連絡を受け，いままでの自分の教育や指導に対して「報われない」という思いと無力感を覚えてしまったのです。

第Ⅱ部　実践・事例編

（3）高井先生の場合：管理職や同僚との関係に悩んで

　学校も一つの組織です。管理職や先輩教員の指示に従うことや，同僚との円満な人間関係が求められます。しかし，教員はそれぞれに教育に対する理想や方針をもっているため，他の教員から干渉してもらいたくないという思いをもつことがあります。そして，意見の違う教員が管理職や先輩教員であった場合，自分の意見を率直に言えないこともあります。

　高井先生は中学校の新任教員です。高井先生が教員を志望した背景には，かつて勉強嫌いな自分を「勉強って楽しいんだなあ」と思わせてくれたある先生の影響がありました。高井先生は自分がそうであったように，体験的な学習を通して勉強の面白さを子どもたちに伝えたいと思っていました。しかし，同じ教科を教える20年先輩の稲森先生から「そんな教え方してたら，点が取れないよ。実際，うちのクラスの方がずっと点数をあげているでしょう」といわれました。「体験学習に時間を取られて，点数が出せないようじゃあ，保護者からも苦情が入るし，生徒にとっても迷惑でしかないよね」といわれ，落ち込んでしまったのです。高井先生は「時間がかかっても，子どもが勉強に関心をもてば，きっと成績はあがってくると思います」と自分の考えを稲森先生に伝えましたが，稲森先生には理解してもらえませんでした。それ以来，稲森先生はときどき高井先生の授業を廊下から参観し，授業後には何かとアドバイスをくれるようになりました。アドバイスは間違ってはいませんが，自分がやりたかったこととはかけ離れていました。そのうち，高井先生は，稲森先生の声を聞くだけで涙が出るようになってきたのです。

　高井先生は新任教員でしたが，子どもたちをどう教育したいかというビジョンがはっきりとしていました。時間がかかったとしても，子どもたちが勉強に興味をもち，勉強を好きになってくれるような授業がしたかったのです。しかし，先輩教員である稲森先生から，授業内容についての指摘を受けました。稲森先生は同じ教科を教える先輩であることから，新任の自分は黙ってアドバイスに従わなければならないのだろうと思いながらも，稲森先生とは教育観があまりに異なるために苦しくなってきたのです。

（4）田中先生の場合：忙しすぎて

　文部科学省の調査（「教員のメンタルヘルスの現状」p.16）から，教員が「仕事の量」と「仕事の質」に対して強いストレスを感じていることがわかります。具体的には，教育改革が進む中で，教科指導と校務分掌が増大することによって生じているといわれています（布川，2006）。度重なる会議のための書類作成や研究発表における報告などの事務仕事に追われ，子どもと向き合う時間がなかなか取れないことも教員のストレスになります。

　田中先生は，中学校教員として採用され20年になります。朝7時には出勤し，通学路や校門に立ち通学指導や遅刻指導をしています。帰宅はだいたい夜の10時を過ぎます。昼食もと

れるときにとるようにしていますが，昼休みに会議が入ることもあります。放課後は校務分掌・委員会関係，事務関係の会議も入ります。会議のための資料や報告書も作成しなくてはなりません。土曜日，日曜日はクラブ活動の指導があります。自分が教えている数学の授業準備や教材研究は教員の中心的な仕事だと考えているので怠るわけにはいきません。時間をみつけて研究会や研修に参加もしています。定期試験の前になると試験問題を作成するために，夜中まで学校に残ることがあります。試験後は採点に追われます。保護者や長期的に登校しない子どもへの対応など，仕事に終わりがないように感じます。田中先生は「子どもともっと向き合いたいのに時間がない」，「なんのために教員になったのだろう」と虚しくなることが増えました。しかし，最近になって，そういったことを考えるのもおっくうになってきました。

田中先生はもともと子どもが好きで，子どもに向き合いたいと教員になりました。そのため，通学指導や遅刻指導，クラブの顧問に時間を取られることは苦になりませんでした。子どもたちと触れ合うことができるからです。しかし，事務的な仕事が年々増えてきました。年齢的なことから，重要な仕事も任されるようになってきました。与えられているすべての仕事は自分を教員として成長させるものだとは思いながらも，毎日山積みになった仕事をこなしているうちにだんだんとすべてのことがおっくうになってきたのです。

（5）まとめ

ここで挙げた事例は教員が疲弊していく背景の一端を示したに過ぎません。教員が精神的に不安定になったり，心の病を発症するに至るまでには複雑で多様な要因が絡み合っています。保護者との関係，生徒指導の難しさ，同僚や管理職との人間関係，山積みの書類など，教員がこなさなければならない仕事の量は増加しています。しかし，教員が心折れるのは，そのことによって，余裕を失い，孤独感を覚え，自分の行動に対しての不安や虚しさをおぼえたときではないでしょうか。

教員の仕事のほとんどは人間を相手にする仕事です。自分の行動が，「うまくいった，いかなかった」というフィードバックもすぐには得にくい仕事です。周囲の教員に対する期待から，いつも肯定的な評価が受けられるとは限りません。教員が頑張っていることを「当たり前だ」と捉えられがちです。メンタルヘルスの不調は特別な教員に起こるものではなく，教員の誰にでも起こる問題だと捉える視点が重要です。教員は教育・指導するという仕事内容から自分が精神的に不安定になったことを恥ずかしいと思ったり，教員として失格だと思い，誰かに助けを求めることができない場合が少なくありません。しかし，自分が一生懸命に努力している行動を否定的に受け止められたり，好意的な評価を得られなかったりすることが続くと，誰でもが焦燥感を覚えたり，自己否定するようになるものです。教員が悩みを一人で抱え込まないよう，学校全体，地域，関係諸機関との連携を通

第Ⅱ部　実践・事例編

じて予防，改善できるシステムの構築が望まれます。

❸　連携の重要性

　教員だけではなく，誰でも一人で悩みを抱え込むことがあります。誰かに相談したいと思っても，「こんなことで悩んでいるのか」，「こんなことも自分では解決できないのか」と思われると恥ずかしかったり，自分の解決能力の低さを指摘されたりすると余計に落ち込むのではないかと考え躊躇することもあります。また，教員の仕事内容の中心が教育・指導することなので，自分がアドバイスをもらうことに慣れていない場合もあります。

　しかし，中には，一人では乗り越えられない悩みもあります。誰かに助けてもらったり，誰かに理解してもらったりすることによって，悩みを見る視点が変わったり，具体的な解決方法がみえてきたりもします。悩んだとき，解決の糸口がみえないとき，誰かに相談することは恥ずかしいことではありません。相談したけれども解決に結びつかなかった場合でも，悩みを共有できたという経験は，次の悩みが生じたときの力になります。

　どうしても，苦しいときには，管理職に相談して，しばらく休職することもできます。休職したくない場合には，学校のスクールカウンセラーに相談したり，心療内科で適切な処置を受けながら校務を続けたりもできます。子どもを心身ともに健康に育てるためにも，教員が心身の健康を維持できるよう周囲の理解と協力が望まれます。

　次の秋田先生の事例は，同僚の教員の理解と協力によって学校に戻ることができたものです。

事例：復職した秋田先生

　秋田先生は中学校の教員です。教員として採用され3年になります。秋田先生は小さい頃からの夢であった教員になることができてとても嬉しかったのです。授業だけではなくクラブ活動や課外授業にも力を入れました。また，自分が担任をする不登校気味の生徒の家を毎日訪問し，生徒や保護者にも対応してきました。しかし，こうした秋田先生の熱意が誤解して取られることもでてきました。「熱いだけで内容がない」，「家に毎日来られるのは負担だ」というような声も聞こえてきました。このことをきっかけに，自分のすべての行動が迷惑になっているのではないか，クラス中の生徒や保護者が自分の悪口を言っているのではないかと心配になり，学校に行くことさえできなくなりました。もう，自分は教員には向かないから辞めてしまおうとまで思いました。

　そんなときに，秋田先生の様子を心配した同僚の山上先生が秋田先生の家を訪れました。秋田先生は思い切って山上先生に悩みを打ち明けました。山上先生は秋田先生が一人で抱え込んでいた不登校気味の生徒の対応を，学校全体で取り組んでいかないか，と提案しました。また，「今まで，一人でよく頑張ってきたね。これからは少し私たちにも協力させてくれな

いか。生徒のケアに当たるのは，担任だけじゃなく教員全体の仕事なんだから。必要なら関係機関にも助けてもらおう」と言ったのです。秋田先生は，山上先生の言葉を聞いて，「もう一度，頑張ってみよう」と嬉しく思いました。

秋田先生は念願の教員になり，熱意をもって子どもたちの教育指導に当たっていました。しかし，一生懸命頑張れば頑張るほど保護者や生徒との間に溝が生じているように感じたのです。一時は，学校を辞めようかとまで思いつめた秋田先生ですが，同僚の山上先生の言葉によって「もう一度，頑張ってみよう」と思いました。一人で問題を抱え込むのではなく，他の教員や他機関に協力してもらうことによって，乗り越えられることも少なくはないのです。

引用・参考文献

文部科学省初等中等教育局初等中等教育企画課（2012）教員のメンタルヘルスの現状

文部科学省（2018）平成29年度 文部科学白書（http://www.mext.go.jp/b_menu/hakusho/html/hpab201801/1407992.htm）

布川淑（2006）教師の多忙と多忙感——公立高等学校教師の教育活動に関する聞き取り調査にもとづいて 立命館産業社会論集，第42巻第3号，pp.87-108.

ロールプレイに用いた事例を解釈するときの視点（例）

　事例を解釈するときの視点の例をあげておきます。ロールプレイをする際に参考にしてください。しかし，これらは，一つの解釈であって，正解ではありません。

第7章　はなこさんの事例

［はなこさんの視点から］

　はなこさんは，中学1年生の2学期から，身体的な不調を訴えて学校に行けなくなりました。しかし，それ以前から，家族内の不和や母親との関係に悩んでいたと考えられます。「母親に甘えたい」，「もっとかまってもらいたい」といった自分の気持ちを伝えることができませんでした。その思いが身体的症状として現れてきたと考えられます。はなこさん自身は身体的な不調により学校に行けない状態ではあるのですが，学校での居場所がなくなってしまうのではないか，勉強が遅れてしまうのではないかと心配し，心が落ち着かない毎日を過ごしています。

［教員の視点から］

　担任の教員は，はなこさんから具体的な相談を受けていないので，それほど深刻に受け止めていません。はなこさんは日頃から真面目で問題行動を示さない生徒なので，中学校という新しい環境の中で疲れてしまっただけだと考えています。そのため，家庭では，あまりうるさく言わず，ゆっくり休ませてやってほしいと思っています。

［保護者の視点から］

　いままで，何も問題のなかったはなこの様子に心を痛めているのですが，弟の世話や同居している祖父母の世話に追われ，はなこの気持ちをゆっくり聴いてやる余裕がありません。父親に相談したいと思っても，仕事で家を空けることが多いのでその時間がありません。祖父母からは「母親が甘いからだ」と責められ辛い思いをしています。はなこに対しては，今まで生活に追われ，悩んでいることにも気づかず，申し訳なく思っています。

第9章　里奈さんの事例

［里奈さんの視点から］

　里奈さんは仲の良い友達とのグループラインを楽しんでいました。学校では話せないこともグループの中では話すこともできましたし，なにより，グループに所属していることで自分の安心できる居場所があると思っていたのです。しかし，ある日，入浴していたため，友達の悩みに関してすぐにメッセージを返すことができませんでした。その後，既読スルーや退会をさせられることになり，里奈さんとしては，入浴中だったという理由があるため納得はできませんでしたが，学校での関係を崩したくないために我慢をしていました。しかし，退会させられたグループラインにいる友達から，里奈さんの悪口を書いたラインのスクリーンショットを見せられ，ショックを受けてしまいました。そのため，学校に行くことが怖くなってしまったのです。

133

第Ⅱ部　実践・事例編

［教員の視点から］

　教員は里奈さんが学校に来なくなったことを心配していますが，ラインという個人的なやりとりに教員がどこまで関与して良いのかと悩む気持ちもあります。しかし，里奈さんの事例だけではなく，ラインによるいじめもあとを絶たず，学校では大きな問題になりつつあります。学校全体でこの問題に取り組み，ラインによるいじめを予防，解決していける方法を探しています。

第12章　翔くんの事例

［翔くんの視点から］

　中学生になり，将来の夢に向かって一生懸命頑張ろうと思っていました。また，小学校とは違い，中学校は大人への移行期だと考えていたので，その自覚をもって行動しようと考えていました。そのため，授業中におしゃべりしたり，学校のルールを守らないクラスメートに対しても，その自覚を促すために注意をしていました。けっして，悪意からではなく，クラスメートのためを思っての行動なのに，陰口を言われたり，無視されるようになり，自分が悪者のように扱われていることに納得できませんでした。そのうち，学校に行くことが苦痛になってきたのです。

［教員の視点から］

　授業中に私語が多い生徒や掃除をさぼっている生徒に対して，教員が注意をする前に翔くんが注意をしてしまうことに違和感を覚えています。翔くんが注意をしている内容は間違ってはいないのですが，注意された生徒が「なぜ，同級生から注意をされなくちゃいけないんだ」と気分を害していることも気になります。教員と翔くんは立場が違うので，何か気になったときには直接本人に注意するのではなく，まずは教員に相談してほしいと思っています。

［保護者の視点から］

　翔くんの保護者は，翔くんが長期的な不登校に至ったらどうしようと不安に思っています。保護者は翔くんが「学校に行きたくない」という理由を，翔くんが筋の通らないことや理不尽なことに対して教員やクラスメートに過剰に反応するため，クラスの中で浮いてしまっているためだと考えています。しかし反面，おかしなことをおかしいと指摘することによって，周囲から特別扱いをされたり，「変わったやつだなあ」と思われたりする翔くんを可哀想だとも思っています。集団の中で，翔くんの個性を生かしながら，有意義な学生生活を送らせるためにはどうすればよいのか，悩んでいるのです。

第13章　しおりさんの事例

［しおりさんの視点から］

　しおりさんはバスケットボール部で早くレギュラーになりたいので，練習で休日がつぶれたり，朝早くから夜遅くまで練習があることに対して不満はありません。また，母親からの干渉が強いので，家にいると息苦しく感じます。母親と一緒に旅行や買い物に行きたいとは思いません。家族と一緒にいるよりは，部活で友達と一緒に過ごす方が楽しく思います。母親に対しては，いつまでも，子ども扱いせず，自分の好きにさせてほしいと考えています。

［教員の視点から］

　日頃の様子から，しおりさんは学校生活や部活を精一杯楽しんでいるようにみえます。保護者

の寂しい思いは理解できますが，しおりさんはもう中学2年生ですので，もう少し子どもの意思を尊重し見守り応援してやってほしいと考えています。

［保護者の視点から］

　保護者は，しおりさんが病弱だったこと，一人っ子だということで，手を掛けてきたため，中学生になって急に親の手から離れていってしまうような寂しさを感じています。保護者は，中学2年生のしおりさんと休みの日には，まだまだ一緒に買い物にいったり，旅行にいったりしたいと考えています。この話をすると必ず喧嘩になるので，教員から保護者の思いを汲んでもらえるよう本人に指導してほしいと思っています。

巻末資料

いじめ防止対策推進法のあらまし

（平成25年6月28日付け官報）
◇いじめ防止対策推進法（法律第七十一号）（文部科学省）

1　総則
（一）　目的
この法律は，いじめが，いじめを受けた児童等の教育を受ける権利を著しく侵害し，その心身の健全な成長及び人格の形成に重大な影響を与えるのみならず，その生命又は身体に重大な危険を生じさせるおそれがあるものであることに鑑み，児童等の尊厳を保持するため，いじめの防止等のための対策に関し，基本理念を定め，国及び地方公共団体等の責務を明らかにし，いじめの防止等のための対策に関する基本的な方針の策定について定めるとともに，いじめの防止等のための対策の基本となる事項を定めることにより，いじめの防止等のための対策を総合的かつ効果的に推進することを目的とすることとした。（第一条関係）
（二）　定義
この法律において「いじめ」とは，児童等に対して，当該児童等が在籍する学校に在籍している等当該児童等と一定の人的関係にある他の児童等が行う心理又は物理的な影響を与える行為（インターネットを通じて行われるものを含む。）であって，当該行為の対象となった児童等が心身の苦痛を感じているものをいうこととした。（第二条関係）
（三）　基本理念
いじめの防止等のための対策は，いじめが全ての児童等に関係する問題であることに鑑み，児童等が安心して学習その他の活動に取り組むことができるよう，学校の内外を問わずいじめが行われなくなるようにすることを旨として行われなければならないこととした。（第三条関係）
（四）　いじめの禁止
児童等は，いじめを行ってはならないこととした。（第四条関係）

2　いじめ防止基本方針等
（一）　いじめ防止基本方針
文部科学大臣は，関係行政機関の長と連携協力して，いじめの防止等のための対策を総合的かつ効果的に推進するための基本的な方針を定めることとした。（第一一条関係）
（二）　地方いじめ防止基本方針
地方公共団体は，いじめ防止基本方針を参酌し，その地域の実情に応じ，当該地方公共団体におけるいじめの防止等のための対策を総合的かつ効果的に推進するための基本的な方針を定めるよう努めることとした。（第一二条関係）
（三）　学校いじめ防止基本方針
学校は，いじめ防止基本方針又は地方いじめ防止基本方針を参酌し，その学校の実情に応じ，当該学校におけるいじめの防止等のための対策に関する基本的な方針を定めることとした。（第一三条関係）
（四）　いじめ問題対策連絡協議会
地方公共団体は，いじめの防止等に関係する機関及び団体の連携を図るため，条例の定めるところにより，学校，教育委員会，児童相談所，法務局又は地方法務局，都道府県警察その他の関係者により構成されるいじめ問題対策連絡協議会を置くことができることとした。（第一四条関係）

巻末資料

3　基本的施策
（一）　学校におけるいじめの防止

学校の設置者及びその設置する学校は，児童等の豊かな情操と道徳心を培い，心の通う対人交流の能力の素地を養うことがいじめの防止に資することを踏まえ，全ての教育活動を通じた道徳教育及び体験活動等の充実を図らなければならないこととした。（第一五条関係）

（二）　いじめの早期発見のための措置

学校の設置者及びその設置する学校は，当該学校におけるいじめを早期に発見するため，当該学校に在籍する児童等に対する定期的な調査その他の必要な措置を講ずることとした。（第一六条関係）

4　いじめの防止等に関する措置
（一）　学校におけるいじめの防止等の対策のための組織

学校は，当該学校におけるいじめの防止等に関する措置を実効的に行うため，当該学校の複数の教職員，心理，福祉等に関する専門的な知識を有する者その他の関係者により構成されるいじめの防止等の対策のための組織を置くこととした。（第二二条関係）

（二）　いじめに対する措置（第二三条関係）

（1）　学校の教職員，地方公共団体の職員その他の児童等からの相談に応じる者及び児童等の保護者は，児童等からいじめに係る相談を受けた場合において，いじめの事実があると思われるときは，いじめを受けたと思われる児童等が在籍する学校への通報その他の適切な措置をとることとした。

（2）　学校は，いじめが犯罪行為として取り扱われるべきものであると認めるときは所轄警察署と連携してこれに対処するものとし，当該学校に在籍する児童等の生命，身体又は財産に重大な被害が生じるおそれがあるときは直ちに所轄警察署に通報し，適切に，援助を求めなければならないこととした。

5　重大事態への対処関係
（一）　学校の設置者又はその設置する学校は，いじめにより当該学校に在籍する児童等の生命，心身又は財産に重大な被害が生じた疑いがあると認められる等の場合には，その事態（以下「重大事態」という。）に対処し，及び当該重大事態と同種の事態の発生の防止に資するため，速やかに，当該学校の設置者又はその設置する学校の下に組織を設け，質問票の使用その他の適切な方法により当該重大事態に係る事実関係を明確にするための調査を行うこととした。（第二八条関係）

（二）　重大事態が発生した場合には，学校の設置者等は，（一）の調査の結果について調査を行うことができることとしたとともに，その調査の結果を踏まえ，当該調査に係る重大事態の対処又は当該重大事態と同種の事態の発生の防止のために必要な措置を講ずることとした。（第二九条～第三三条関係）

6　雑則
学校の評価を行う場合においていじめの防止等のための対策を取り扱うに当たっては，いじめの事実が隠蔽されず，いじめの実態の把握及びいじめに対する措置が適切に行われるよう，いじめの早期発見，いじめの再発を防止するための取組等について適正な評価が行われるようにしなければならないこととした。（第三四条関係）

7　施行期日
この法律は，公布の日から起算して三月を経過した日から施行することとした。

（出所）文部科学省（2013）いじめ防止対策推進法の公布について（通知）
（http://www.mext.go.jp/a_menu/shotou/seitoshidou/1337219.htm）

『ネット上のいじめ』から子どもたちを守るために
──見直そう！ケータイ・ネットの利用のあり方を（一部抜粋）

「ネット上のいじめ問題」に関する4つの提案

①ケータイ・ネットに関する正しい知識をもち，利用の実態に目を向けよう！⇨【理解促進・実態把握】

②「情報モラル」についてしっかりと教え，子どもたちにネットのリスク回避能力を身につけさせるとともに，ルールを確実に守らせよう！⇨【情報モラル教育の充実とルールの徹底】

③普段からチェックをしっかりと行うとともに，発見した場合には迅速かつ適切な対応を！⇨【未然防止・早期発見・早期対応】

④いじめられた子どもを守り通そう！⇨【いじめられた子ども等へのケア】

【家庭では】

・携帯電話やインターネットのメディア特性等をしっかり学び，理解を深めましょう。

・子どもたちの携帯電話やインターネットの利用の実態を十分に把握することが重要です。

・携帯電話の必要性・危険性についてしっかりと話し合い，必要がない限り持たせないようにしましょう。持たせる場合は，**家庭内でのルールをつくり**，徹底することが必要です。特に，子どもの携帯電話には，**フィルタリングを必ず設定しましょう。**

・『ネットいじめ』に関して，子どもが発する危険信号に十分留意しましょう。またいじめの未然防止・早期発見のために，学校や地域の方々と連携しつつ，**ネット上の巡回・閲覧活動に協力**していくことも考えられます。

・学校と連携して，いじめを受けた子どもへのきめ細やかなケアを行いましょう。

【行政では】

・子どもたちの携帯電話やインターネットの利用や「ネットいじめ」等の**実態把握**を行い，**情報提供**していくことが必要です。また，**教師や保護者向けの研修や説明会**などを通じて，理解の促進に努めましょう。

・**「情報モラル」**に関する指導方法のより一層の改善・充実が必要です。

・学校での携帯電話の取扱いに関するルールの策定を徹底するとともに，家庭に対して，情報モラルについて話し合うことを呼びかけ，フィルタリングの普及を働きかけましょう。

・**実践的な研修の実施**や，ネット上のパトロールを行う人材養成機関への支援，「対応マニュアル」や「ネット上のいじめ問題」に関する取組事例集を作成・配布することが必要です。

【学校では】

・携帯電話やインターネットのメディア特性等をしっかり学び，理解を深めましょう。

・子どもたちの携帯電話やインターネットの利用の実態を十分に把握することが重要です。

・新しい学習指導要領を踏まえ，「情報モラル」の指導をより一層の充実することが必要です。

・学校での**携帯電話の取扱いに関するルールを必ず策定**し，徹底しましょう。その際，特に小・中学校においては真に必要な場合を除き，学校へは持ち込まないことも検討すべきです。

・家庭に対し，情報モラルについてしっかり話し合うことを呼びかけるとともに，フィルタリングの普及を働きかけましょう。

・子どもが発する危険信号を把握するように努め，未然防止・早期発見の観点から，保護者や地域の方々の協力を得つつ，**学校非公式サイト等の巡回・閲覧活動を実施**していくことが重要です。

・誹謗・中傷を発見した場合には，被害児童生徒や保護者に対して迅速かつ適切に対応するとともに，日頃から校内の相談体制を整備しておきましょう。

【関連企業では】

・**社会的責任を認識**し，子どもたちの携帯電話やインターネットの利用実態に目を向け，**フィルタリングの設定**をはじめとした適切な措置を講じていくことが期待されます。

・悪質な書き込み等に関する**チェック体制の整備**や日常的な巡回活動，削除要請に対する迅速な対応，ネット上のパトロールを行う人材養成への協力などが期待されます。

（出所）文部科学省（2008）子どもを守り育てる体制づくりのための有識者会議まとめ（第2次）リーフレットについて（http://www.mext.go.jp/b_menu/houdou/20/07/08073101.htm）

巻末資料

特殊教育から特別支援教育への転換──障害児・者施策を巡る国の動向

（1）障害者基本法（平成16年6月一部改正）

「障害者に対して障害を理由として差別その他の権利利益を侵害してはならない」ことや「障害のある児童生徒と障害のない児童生徒との交流及び共同学習の積極的推進による相互理解の促進に努めること」が新たに規定される。

（2）障害者基本計画（平成14年12月閣議決定）

「障害のある子ども一人ひとりのニーズに応じてきめ細かな支援を行うために乳幼児期から学校卒業後まで一貫して計画的に教育や療育を行うとともに，学習障害，注意欠陥／多動性障害，自閉症などについて教育的支援を行うなど，教育・療育に特別のニーズのある子どもについて適切に対応すること」が基本方針として盛り込まれる。

（3）発達障害者支援法（平成17年4月1日施行）

○発達障害者には，症状の発現後できるだけ早期に発達支援を行うことが特に重要であることにかんがみ，発達障害を早期に発見し，発達支援を行うことに関する国及び地方公共団体の責務を明らかにするとともに，学校教育における発達障害者への支援，発達障害者の就労の支援，発達障害者支援センターの指定等について定めることにより，発達障害者の自立及び社会参加に資するようその生活全般にわたる支援を図り，もってその福祉の増進に寄与することを目的とする。

○「発達障害」とは，「自閉症，アスペルガー症候群その他の広汎性発達障害，学習障害，注意欠陥多動性障害その他これに類する脳機能の障害であってその症状が通常低年齢において発現するもののうち，言語の障害，協調運動の障害，心理的発達の障害，行動及び情緒の障害」をいう。これらには，従来から特殊教育の対象となっている障害が含まれるほか，通常の学級に在籍する児童生徒が有する LD，ADHD，高機能自閉症等も含まれている。

（4）発達障害のある児童生徒等への支援について（文部科学省通知）（平成17年4月1日）

○平成19年度を目途に全ての小学校等の通常の学級に在籍する LD 等を含む障害のある児童生徒への教育的支援のための支援体制の整備についての通知。

○校長のリーダシップの下，全校的な支援体制を確立するため，LD 等の実態把握や支援方策の検討を行う**校内委員会を設置**するとともに，**特別支援教育コーディネーター**を指名し，これらを校務分掌に明確に位置づけること。

141

○小学校等においては，必要に応じ，児童生徒一人ひとりのニーズに応じた「**個別の指導計画**」及び関係機関の連携による乳幼児期から学校卒業後までの一貫した支援のための教育的支援の目標や内容を盛り込んだ「**個別の教育支援計画**」の作成を進めることが示される。

（5）「特別支援教育を推進するための制度の在り方について」中央教育審議会答申

「21世紀の特殊教育の在り方について（最終報告）」（平成13年1月），「今後の特別支援教育の在り方について（最終報告）」（平成15年3月）をふまえ，平成17年12月「特別支援教育を推進するための制度の在り方について」（答申）が中央教育審議会より示される。

◎特別支援教育の概念と基本的な考え方

> 「特別支援教育」とは，障害のある幼児児童生徒の自立や社会参加に向けた主体的な取組を支援するという視点に立ち，幼児児童生徒一人一人の教育的ニーズを把握し，その持てる力を高め，生活や学習上の困難を改善又は克服するため，適切な指導及び必要な支援を行うものである。

◎盲・聾・養護学校制度の見直しについて

○幼児児童生徒の障害の重度・重複化に対応し，一人一人の教育的ニーズに応じて適切な指導及び必要な支援を行うことができるよう，盲・聾・養護学校を，障害種別を超えた学校制度（「特別支援学校（仮称）」）に転換。

○「特別支援学校（仮称）」の機能として，小・中学校等に対する支援を行う地域の特別支援教育のセンターとしての機能を明確に位置付ける。

◎小・中学校における制度的見直しについて

○通級による指導の指導時間数及び対象となる障害種を弾力化し，LD，ADHDを新たに対象とする。

○特殊学級と通常の学級における交流及び共同学習を促進するとともに，特殊学級担当教員の活用によるLD，ADHD等の児童生徒への支援を行うなど，特殊学級の弾力的な運用を進める。

○「特別支援教室（仮称）」の構想については，研究開発学校やモデル校などを活用し，特殊学級が有する機能の維持，教職員配置との関連や教員の専門性の向上等の課題に留意しつつ，その法令上の位置づけの明確化等について検討する。

　（注）「特別支援教室（仮称）」とは，LD，ADHD，高機能自閉症等も含め障害のある児童生徒が通常の学級に在籍した上で，一人一人の障害に応じた特別な指導を必要な時間のみ特別の場で行う形態。

◎教員免許制度の見直しについて

○盲・聾・養護学校の「特別支援学校」（仮称）への転換に伴い，学校の種別ごとに設けられている教員免許状を，障害の種類に対応した専門性を確保しつつ，LD・ADHD・高機能自閉症等を含めた総合的な専門性を担保する「特別支援学校教員免許状（仮称）」に転換。

巻末資料

（6）学校教育法施行規則の一部改正（平成18年3月）

○通級による指導の対象に LD，ADHD が新たに加わる。さらに指導の弾力化が図れ
　るように指導時間の一部が改正される。

（7）特別支援教育推進のための学校教育法等の一部改正（平成19年4月施行）

○平成18年6月，学校教育法等の一部改正が行われ，「小中学校等においては，LD，ADHD
　等を含め，障害のある児童生徒に対して適切な教育を行うこと」が新たに規定された。
○従来の盲・ろう・養護学校制度をより柔軟な制度とし，効果的な配置が可能となるよう，
　障害種別を超えた学校制度である特別支援学校制度を創設する。

（8）特別支援教育の推進について（文部科学省通知）（平成19年4月1日）

○特別支援教育が法的に位置付けられた改正学校教育法が施行されるに当たり，幼稚園，小
　学校，中学校，高等学校，中等教育学校及び特別支援学校において行う特別支援教育につ
　いて基本的な考え方，留意事項等を示すもの。
○特別支援教育の理念，校長の責務，特別支援教育を行うための体制の整備及び必要な取組，
　特別支援学校の取組，教育委員会等における支援，保護者からの相談への対応や早期から
　の連絡，教育活動等を行う際の留意事項等が示されている。
○特別支援教育を行うための体制の整備及び必要な取組として，校内委員会の設置，実態把
　握，特別支援教育コーディネーターの指名，関係機関との連携を図った「個別の教育支援
　計画」の策定と活用等が示される。

（出所）横浜市教育委員会（2007）横浜市の小・中学校における LD，ADHD，高機能自閉症等の児童生徒への
　　　　教育的支援のためのガイドライン（http://www.city.yokohama.lg.jp/kyoiku/shogaijiky/ldadha/）（一部抜粋）

143

通常の学級に在籍する発達障害の可能性のある
特別な教育的支援を必要とする児童生徒に関する調査

注　意

　このチェックリストは，「通常の学級に在籍する発達障害の可能性のある特別な教育的支援を必要とする児童生徒に関する調査」で用いられた項目をもとに作成したものである。なお，これらの項目は，児童・生徒の困難の傾向を把握し，指導に役立てるものであって，障害を「判断」するものではない。

■行動面（「不注意」「多動性─衝動性」）

【回答】　0：ない，もしくはほとんどない，　1：ときどきある，　2：しばしばある，
　　　　　3：非常にしばしばある，の4段階

	回答	換算点
(1) 学業において，綿密に注意することができない，または不注意な間違いをする。		
(2) 手足をそわそわと動かし，またはいすの上でもじもじする。		
(3) 課題または遊びの活動で注意を集中し続けることが難しい。		
(4) 教室や，その他，座っていることを要求される状況で席を離れる。		
(5) 直接話しかけられたときに聞いてないように見える。		
(6) 不適切な状況で，余計に走り回ったり高い所へ上ったりする。		
(7) 指示に従えず，課題や任務をやり遂げることができない。		
(8) 静かに遊んだり余暇活動につくことができない。		
(9) 課題や活動を順序だてることが難しい。		
(10) 「じっとしていない」，またはまるで「エンジンで動かされているように」行動する。		
(11) （学業や宿題のような）精神的努力の持続を要する課題を避ける。		
(12) しゃべりすぎる。		
(13) 課題や活動に必要なものをなくしてしまう。		
(14) 質問が終わる前に出し抜けに答え始めてしまう。		
(15) 気が散りやすい。		
(16) 順番を待つことが難しい。		
(17) 日々の活動で忘れっぽい。		
(18) 他人を妨害したり，邪魔をする。		

　回答後，回答の0，1点を0ポイントに，2，3点を1ポイントにして計算（右欄へ）

■「児童生徒の困難の状況」の基準
　奇数番目の設問群（不注意）又は偶数番目の設問群（「多動性－衝動性」）の少なくとも一つの群で該当する項目が6ポイント以上をカウント。

巻末資料

■学習面（「聞く」「話す」「読む」「書く」「計算する」「推論する」）

【回答】 0：ない，1：まれにある，2：ときどきある，3：よくある，の4段階

			回答
聞く	(1)	聞き間違いがある（「知った」を「行った」と聞き違える）	
	(2)	聞きもらしがある	
	(3)	個別に言われると聞き取れるが，集団場面では難しい	
	(4)	指示の理解が難しい	
	(5)	話し合いが難しい（話し合いの流れが理解できず，ついていけない）	
話す	(6)	適切な速さで話すことが難しい（たどたどしく話す。とても早口である）	
	(7)	ことばにつまったりする	
	(8)	単語を羅列したり，短い文で内容的に乏しい話をする	
	(9)	思いつくままに話すなど，筋道の通った話をするのが難しい	
	(10)	内容をわかりやすく伝えることが難しい	
読む	(11)	初めて出てきた語や，普段あまり使わない語などを読み間違える	
	(12)	文中の語句や行を抜かしたり，または繰り返し読んだりする	
	(13)	音読が遅い	
	(14)	勝手読みがある（「いきました」を「いました」と読む）	
	(15)	文章の要点を正しく読みとることが難しい	
書く	(16)	読みにくい字を書く（字の形や大きさが整っていない。まっすぐに書けない）	
	(17)	独特の筆順で書く	
	(18)	漢字の細かい部分を書き間違える	
	(19)	句読点が抜けたり，正しく打つことができない	
	(20)	限られた量の作文や，決まったパターンの文章しか書かない	
計算する	(21)	学年相応の数の意味や表し方についての理解が難しい （三千四十七を300047や347と書く。分母の大きい方が分数の値として大きいと思っている）	
	(22)	簡単な計算が暗算でできない	
	(23)	計算をするのにとても時間がかかる	
	(24)	答えを得るのにいくつかの手続きを要する問題を解くのが難しい （四則混合の計算。2つの立式を必要とする計算）	
	(25)	学年相応の文章題を解くのが難しい	
推論する	(26)	学年相応の量を比較することや，量を表す単位を理解することが難しい （長さやかさの比較。「15cmは150mm」ということ）	
	(27)	学年相応の図形を描くことが難しい（丸やひし形などの図形の模写。見取り図や展開図）	
	(28)	事物の因果関係を理解することが難しい	
	(29)	目的に沿って行動を計画し，必要に応じてそれを修正することが難しい	
	(30)	早合点や，飛躍した考えをする	

■「児童生徒の困難の状況」の基準

6つの領域（各5つの設問）の内，少なくとも一つの領域で該当項目が12ポイント以上をカウント。

145

■行動面（「対人関係やこだわり等」）

【回答】0：いいえ，1：多少，2：はい，の3段階

	回答
(1)　大人びている。ませている	
(2)　みんなから，「○○博士」「○○教授」と思われている（例：カレンダー博士）	
(3)　他の子どもは興味を持たないようなことに興味があり，「自分だけの知識世界」を持っている	
(4)　特定の分野の知識を蓄えているが，丸暗記であり，意味をきちんと理解していない	
(5)　含みのある言葉や嫌みを言われても分からず，言葉通りに受けとめてしまうことがある	
(6)　会話の仕方が形式的であり，抑揚なく話したり，間合いが取れなかったりすることがある	
(7)　言葉を組み合わせて，自分だけにしか分からないような造語を作る	
(8)　独特な声で話すことがある	
(9)　誰かに何かを伝える目的がなくても，場面に関係なく声を出す 　　（例：唇を鳴らす，咳払い，喉を鳴らす，叫ぶ）	
(10)　とても得意なことがある一方で，極端に不得手なものがある	
(11)　いろいろな事を話すが，その時の場面や相手の感情や立場を理解しない	
(12)　共感性が乏しい	
(13)　周りの人が困惑するようなことも，配慮しないで言ってしまう	
(14)　独特な目つきをすることがある	
(15)　友達と仲良くしたいという気持ちはあるけれど，友達関係をうまく築けない	
(16)　友達のそばにはいるが，一人で遊んでいる	
(17)　仲の良い友人がいない	
(18)　常識が乏しい	
(19)　球技やゲームをする時，仲間と協力することに考えが及ばない	
(20)　動作やジェスチャーが不器用で，ぎこちないことがある	
(21)　意図的でなく，顔や体を動かすことがある	
(22)　ある行動や考えに強くこだわることによって，簡単な日常の活動ができなくなることがある	
(23)　自分なりの独特な日課や手順があり，変更や変化を嫌がる	
(24)　特定の物に執着がある	
(25)　他の子どもたちから，いじめられることがある	
(26)　独特な表情をしていることがある	
(27)　独特な姿勢をしていることがある	

■ 「児童生徒の困難の状況」の基準
　該当する項目が22ポイント以上をカウント。

（出所）文部科学省（2012）通常の学級に在籍する発達障害の可能性のある特別な教育的支援を必要とする児童
　　　生徒に関する調査結果について（http://www.mext.go.jp/a_menu/shotou/tokubetu/material/1328729.htm）
　　　（採点欄等の追加を含む。一部改変）

巻末資料

障害の発見や相談・支援にかかわる主な機関とその役割

　障害の発見や相談・支援にかかわって，保健，福祉，教育，就労の関係各機関があり，ここでそれら各機関の役割等を紹介する。

（1）市町村保健センター
　市町村保健センターは，市町村における地域保健対策の拠点として，住民に対する健康相談，保健指導，健康診査その他地域保健に関して必要な事業を行うことを目的としている。
　市町村保健センターにおける児童福祉関係業務の主なものは，次のとおりである。
　　ア　乳幼児に対する保健指導
　　イ　乳幼児に対する訪問指導
　　ウ　1歳6か月児健康診査，3歳児健康診査などの乳幼児健康診査

（2）保健所
　保健所は，公衆衛生行政の機関として，児童福祉及び母子保健や身体障害者等の福祉の分野で大きな役割を果たしている。主に都道府県や指定都市が設置主体となっている機関である。保健所には，医師，歯科医師，薬剤師，獣医師，診療放射線技師，臨床検査技師，管理栄養士，保健師などの職員が置かれている。
　保健所における児童福祉関係業務の主なものは，次のとおりである。
　　ア　児童や妊産婦の保健について正しい知識の普及を図ること。
　　イ　身体に障害のある児童の療育について指導を行うこと。
　　ウ　疾病により長期にわたる療育が必要な児童の療育について指導を行うこと。
　　エ　児童福祉施設に対し，栄養の改善その他衛生に関し必要な助言を行うこと。

（3）福祉事務所
　福祉事務所は，社会福祉行政の機関として生活保護法，児童福祉法，身体障害者福祉法，知的障害者福祉法，老人福祉法，母子及び寡婦福祉法のいわゆる福祉六法に定める援護，育成，更生の措置を担当している。福祉事務所には，査察指導員，現業員，身体障害者福祉司，知的障害者福祉司等の職員が配置されている。
　福祉事務所における児童福祉関係業務の主なものは，次のとおりである。
　　ア　児童の福祉に関し，必要な実情の把握に努めること。
　　イ　児童の福祉に関する事項について相談に応じ，必要な調査を行うとともに，個別的又は集団的に必要な指導を行うこと。

（4）児童相談所
　児童相談所は，児童福祉の機関として，各都道府県，指定都市に設置が義務付けられており，また政令で個別に定める市においても児童相談所が設置できる。相談所の構成員は，ソーシャルワーカー（児童福祉司・相談員），児童心理司，医師（精神科医，小児科医），その他専門職員がおり，児童に関する様々な相談に応じ，専門的な角度から調査，診断，判定を行い，それに基づいて児童や保護者に対して，必要な指導や児童福祉施設入所等の措置を行う。
　児童相談所においては，知的障害，肢体不自由，重症心身障害，視覚障害，聴覚障害，言語障害，自閉症等の障害のある児童に関する相談が行われている。

（5）児童福祉施設

　乳幼児健康診査等において障害が発見された後の対応として，その後に専門的な療育や相談が行われる場として，児童福祉施設がある。

　障害のある子どもに関連する児童福祉施設としては，通園施設として知的障害児通園施設，難聴幼児通園施設，肢体不自由児通園施設，入所施設として知的障害児施設，自閉症児施設，盲児施設，ろうあ児施設，肢体不自由児施設，肢体不自由児療護施設，重症心身障害児施設がある。

　通園施設は，昭和54年度の養護学校教育の義務制の施行を契機に，原則として就学前の幼児を対象とすることとなり，早期療育の場として位置付けられている。

（6）発達障害者支援センター

　発達障害者支援センターは，地域における発達障害に対する取組を総合的に行う拠点として，設置されている。業務は，発達障害児者及びその家族からの相談への対応，発達障害者に対する専門的な発達支援と就労の支援，発達障害についての情報提供や研修，医療機関や学校等の関係機関との連絡調整等を実施している。

（7）特別支援学校（盲学校，聾学校，養護学校）

　特別支援学校（盲学校，聾学校，養護学校）においては，それぞれ視覚障害，聴覚障害，知的障害，肢体不自由，病弱・身体虚弱のある子どもに対して，幼稚園，小学校，中学校，高等学校に準ずる教育を行うとともに，その一人一人の障害に基づく種々の困難を改善・克服するために必要な知識，技能を養うことを目的として，きめ細かな教育が行われている。

　多くの特別支援学校（盲・聾・養護学校）においては，教育機関としての役割だけでなく，乳幼児期の子どもやその保護者を対象とした早期からの教育相談が行われている。特別支援学校（盲・聾・養護学校）においては，今後，地域における特別支援教育のセンター的機能を担うことが期待されており，早期のみならず，学齢期，卒業後も含めた教育相談の充実が求められている。

　また，視覚障害生徒を対象としたあん摩マッサージ指圧師等や聴覚障害生徒を対象とした理容師や歯科技工士等の各種資格取得を目指した指導をはじめとして，障害のある子どもの職業的自立を促進するため，職業教育の充実を図っている。

（8）特別支援教育センター

　特別支援教育センターにおいては，特別支援教育の振興を図ることを目的に，障害のある子どもの教育，就学，進路などの各種相談，特別支援学校（盲・聾・養護学校）や小・中学校等で障害のある子どもの教育に携わる教員を対象にした研修，特別支援教育に関する調査研究や理解啓発などが行われている。

（9）公共職業安定所（ハローワーク）

　公共職業安定所においては，障害者の態様や職業適性等に応じて，ケースワーク方式により，求職から就職後のアフターケアに至るまでの一貫した職業紹介，職業指導等が行われている。このため，主要な公共職業安定所には，障害のある人の就職を専門的に担当する職員が配置されるとともに，きめ細かな就職指導等を円滑かつ効果的に推進するために，相談員等が配置されている。

（10）地域障害者職業センター

　地域障害者職業センターは，公共職業安定所との密接な連携の下に，障害のある人に対

巻末資料

する職業相談から就職後のアフターケアに至る職業リハビリテーションを，専門的かつ総合的に実施する施設として，各都道府県に設置されている。職業リハビリテーションとして，例えば，職場適応援助者（ジョブコーチ）を事業所へ派遣して，職場適応のための援助を行うなどの事業を実施している。

（出所）　文部科学省・厚生労働省（2008）障害のある子どものための地域における相談支援体制整備ガイドライン（試案）（http://www.mext.go.jp/a_menu/shotou/tokubetu/material/021.htm）

索　引

◆　あ 行　◆

悪質な書き込み　80
アクティブリスニング　18
遊びの延長　79
遊び・非行のタイプ　52
いじめ　65
　──に対する認識不足　68
　──の悪質化　69
　──の定義　67
　──の防止　69
　──の要因　67
　──の様態　75
　──への対応のヒント　67
　──防止対策推進法の公布　67
いじめた子ども　82
いたずら　79
意図的な拒否のタイプ　54
居場所づくり　52
嫌なこと　78
医療機関　118
エゴグラム　36, 38
SNS（ソーシャルネットワークサービス）　80
SOS のサイン　25
脅し文句　76
思いやりの欠如　67
親の価値観の多様化　68
親の過保護・過干渉　68

◆　か 行　◆

解決の糸口　130
解決能力　130
開示　99
開発的教育相談　3
加害者　69
核家族　68
学業不振　52
学習指導要領の改訂　125
学習障害（LD）　89, 92
学年主任　118
学年団　118
価値観　9
　──の多様性　10
学級づくり　69

学校恐怖症　50
学校システム　50
「学校生活上の課題」に起因するタイプ　52
学校内外の連携　58
学校の指導力の低下　69
学校の体制　71
学校評価　125
家庭の教育　69
家庭訪問　52
からかい　76
感覚過敏　90
感覚鈍麻　90
環境　49
関係性　49
関係づくり　58
観衆　69
管理職　118
管理的な締め付け　68
疑心暗鬼　80
規範意識の欠如　68
虐待　26
教育委員会　118
教員に対する不信感　70
教員のメンタルヘルス　125
　──不調の背景　125
教員評価　125
教員免許更新制の導入　125
教科指導　128
協調性・思いやりの欠如　68
金品の要求　118
苦情　107
クラブの顧問　129
苦しい気持ち　82
警察　52, 118
計算障害　92
傾聴　18
嫌悪感　107, 113
ケンカ　79
言語的な情報　18
校外における連携　58
校則違反　116
高等学校卒業程度認定試験　56
校内の連携　58
広汎性発達障害　89, 90

索　引

校務分掌　128
告知　99
心のケア　71
心の病　129
個人情報の暴露　80
孤独感　129
子ども相談センター　52
子どもの意思　58
子どものサイン　57
混合型　91

◆　さ　行　◆

罪悪感　53
差別の構造　68
支援　71
　　──体制組織図　59
自我状態　38
自己否定　129
自己評価の低下　70
自己理解　35
児童虐待　67,118
　　──防止法　30
児童相談所　118
自分の居場所　49
周囲の理解と協力　130
集団　50,68
自由な子ども　39
順応した子ども　39
障害特性への配慮　117
成就感・満足感を得る機会の減少　67
焦燥感　129
衝動性　91
　　──・多動性優勢型　91
少年センター　52
情報交換　70
情報収集　70
将来の目標の喪失　67
初期対応　113
触法行為　118
助言　115
書字障害　92
ジョハリの窓　36
進学をめぐる競争意識　67
心身の健康　130
身体的虐待　30
身体的な攻撃（叩く・蹴る）　76,79
身体の不調　53
心理的虐待　30
心療内科　130
スクールカウンセラー　118

ストレス　68
生活指導　68
成人　39
精神疾患　125
精神的な影響　126
性的虐待　30
先入観　107,113

◆　た　行　◆

対応の流れ　114
対人関係の不得手　67
対立　107
他者視点　35
多動性　91
多忙　68
担任との関係　116
遅刻指導　129
知識偏重　68
注意欠陥多動性障害（ADHD）　89,91
中1ギャップ　51,56
注意力　91
仲裁者　69
長期欠席　50
通学指導　129
適応指導教室　59
登校拒否　50
登校刺激　53,56
当事者　71
同僚　125
読字障害　92
特性　49
特別支援教育　87
　　──コーディネーター　95
　　──支援員　95
匿名性　80
閉じた質問　19

◆　な　行　◆

仲間はずれ　77
人間関係　125
　　──のスキルの未熟さ　68
認知の偏り　36
ネグレクト　30
ネットいじめ　80

◆　は　行　◆

漠然とした不安　53
恥ずかしいこと　78
発達障害　87,97
　　──者支援法　87

パニック　118
判断基準　118
被害者　69
非言語的な情報　18
非行グループ　52
非難　107
批判的（支配的）な親　39
疲弊　129
誹謗中傷　80
冷やかし　76
評価　129
病気休職者　125
表面的な友人関係　67
開かれた質問　20
不安　80, 129
　　——など情緒的混乱のタイプ　53
複合タイプ　54
ふざけあい　65
不注意優勢型　91
不登校　49
　　——学年の比率　50
　　——対応のポイント　54
　　——に至る「きっかけ」　54
　　——に対する基本的な姿勢と対応　57
　　——の数の推移　50
　　——の原因　60
　　——のタイプ　51
　　——のタイプと対応　51
　　——の長期化　55, 57
　　——の背景　55
不満　68
フリースクール　60

ブログ　80
防衛機制　36, 37
傍観者　69
暴力的　118
ホームページ　80
保護者からの相談　105
保護者対応　107, 113
保護者の「声」　105
保護者や他機関との連携　71
保護的な親　39
補導センター　118

◆　ま　行　◆

無気力タイプ　53
無視　77
虚しさ　129
無理難題　107
無力感　127
盲点の窓　35
モンスターペアレント　107
問題解決的教育相談　4
問題行動への対応チャート　71

◆　や・ら・わ　行　◆

欲求不満耐性の欠如　67
欲求不満耐性の習得が不十分　68
予防的教育相談　4
理不尽な要求　107
ロールプレイ　44
悪口　76
悪ふざけ　78

《著者紹介》

向後礼子（こうご　れいこ）　はじめに，第1章，第2章，第3章，第4章，第5章，ロールプレイの進め方，第10章，第11章

早稲田大学大学院博士後期課程修了　博士（学術）（筑波大学）
近畿大学教職教育部教授
主　著　『思春期・成人期の社会適応』（共著）ミネルヴァ書房，2011年
　　　　『就労支援サービス　第3版』（共著）弘文堂，2017年
　　　　『はじめよう！　障害理解教育』（共著）図書文化，2016年
　　　　『学校現場にいかす特別支援教育ワークブック——多様な子どもたちへの理解
　　　　を深める』（共編著）ミネルヴァ書房，2020年

山本智子（やまもと　ともこ）　はじめに，第6章，第7章，第8章，第9章，第12章，第13章，第14章，ロールプレイに用いた事例を解釈するときの視点（例）

奈良女子大学大学院博士後期課程修了　博士（社会科学）（奈良女子大学）
近畿大学教職教育部教授，公認心理師
主　著　「発達障害概念の社会性——人は障害をどう生きるか」『臨床心理学』第14巻
　　　　第2号，2014年
　　　　『発達障害がある人のナラティヴを聴く——「あなた」の物語から学ぶ私たち
　　　　のあり方』ミネルヴァ書房，2016年
　　　　『「学校」を生きる人々のナラティヴ——子どもと教師・スクールカウンセ
　　　　ラー・保護者の心のずれ』（編著）ミネルヴァ書房，2019年
　　　　『「家族」を超えて生きる——西成の精神障害者コミュニティ支援の現場から』
　　　　創元社，2022年

第13章のコラム執筆

福村もえこ（ふくむら　もえこ）
　元小学校教諭
　現在，海外で国語教育，日本語教育に携わる

ロールプレイで学ぶ教育相談ワークブック［第2版］
――子どもの育ちを支える――

2014年5月10日	初　版第1刷発行	〈検印省略〉
2016年10月30日	初　版第3刷発行	
2019年10月10日	第2版第1刷発行	
2024年3月30日	第2版第4刷発行	

定価はカバーに
表示しています

著　者	向	後	礼	子
	山	本	智	子
発行者	杉	田	啓	三
印刷者	中	村	勝	弘

発行所　株式会社　ミネルヴァ書房
607-8494 京都市山科区日ノ岡堤谷町1
電話代表　(075)581-5191
振替口座　01020-0-8076

© 向後・山本，2019　　　中村印刷・新生製本

ISBN978-4-623-08783-9

Printed in Japan

学校現場にいかす特別支援教育ワークブック──多様な子どもたちへの理解を深める

向後礼子・山本智子 編著　B5判　168頁　本体2200円

絶対役立つ教育相談──学校現場の今に向き合う

藤田哲也 監修　水野治久・本田真大・串崎真志 編著　A5版　202頁　本体2200円

新しい教職教育講座 教職教育編
教育相談

春日井敏之・渡邉照美 編著　A5判　240頁　本体2000円

MINERVA はじめて学ぶ教職
教育相談　　　　高柳真人・前田基成・服部　環・吉田武男 編著　B5判　224頁　本体2200円

よくわかる！ 教職エクササイズ
教育相談　　　　　　　　　森田健宏・吉田佐治子 編著　B5判　218頁　本体2200円

やわらかアカデミズム・〈わかる〉シリーズ　教育分野
よくわかる教育評価 第3版

田中耕治 編　B5判　274頁　本体2800円

よくわかる授業論

田中耕治 編　B5判　232頁　本体2600円

よくわかる教育課程 第2版

田中耕治 編　B5判　242頁　本体2600円

よくわかる生徒指導・キャリア教育

小泉令三 編著　B5判　218頁　本体2400円

よくわかる教育相談

春日井敏之・伊藤美奈子 編　B5判　218頁　本体2400円

よくわかる障害児教育 第4版

石部元雄・上田征三・高橋実・柳本雄次 編　B5判　210頁　本体2400円

よくわかる特別支援教育 第2版

湯浅恭正 編　B5判　232頁　本体2500円

よくわかるインクルーシブ教育

湯浅恭正・新井英靖・吉田茂孝 編著　B5判　232頁　本体2500円

よくわかる発達障害 第2版──LD・ADHD・高機能自閉症・アスペルガー症候群

小野次朗・上野一彦・藤田継道 編　B5判　184頁　本体2200円

よくわかる肢体不自由教育 第2版

安藤隆男・藤田継道 編著　B5判　256頁　本体2500円

──── ミネルヴァ書房 ────
https://www.minervashobo.co.jp/